ヒュームの人と思想

宗教と哲学の間で

中才敏郎

和泉書院

目次

凡例

デイヴィッド・ヒュームの著作からの引用は以下の凡例に従う。

一、『人間本性論』からの引用は、ノートン版（David Hume, *A Treatise of Human Nature*, eds. by David Fate Norton & Mary J. Norton, Oxford U. P., 2000）の巻・部・節および段落の数字を示し、合わせてセルビー－ビッグ版（David Hume, *A Treatise of Human Nature*, ed. by L. A. Selby-Bigge, Second edition, with text revised by P. H. Nidditch, Oxford: Claredon Press, 1978）のページ数を併記する（例：T 1.2.4.1; SBN 39）。とくに断らない限り、引用文中の傍点は原文のイタリック体を示す）。

二、『人間知性研究』からの引用は、EHUと略記し、ビーチャム版（David Hume, *An Enquiry Concerning Human Understanding*, A Critical Edition, ed. by Tom L. Beauchamp, Oxford: Clarendon Press, 2000）の節・（部）・段落の数字を示し、合わせて、セルビー－ビッグ版（*Enquiries Concerning Human Understanding and Concerning the Principles of Mirals*, by David Hume, ed. by Selby-Bigge, Third Edition, with tex revised by P. H. Nidditch, Oxford: Clarendon Press, 1975）のページ数を併記する（例：EHU 9.5; SBN 107）。

三、『宗教の自然史』からの引用は、Nと略記し、入手の容易なJ. C. A. Gaskin ed., *Dialogues and Natural History of Religion*, The World's Classics, Oxford U. P., 1993のページ付けを用い、T. H. Green & T. H. Grose eds., *The Philosophical Works of David Hume*, Vol.4, Scientia Verlag, 1964のページ数を括弧内に併記する（例：N 134[309]）。

四、『自然宗教に関する対話』からの引用は、Dと略記し、J. C. A. Gaskin ed., op. cit. のページ付けを用い、Norman Kemp Smith ed., *Dialogues Concerning Natural Religion*, Bobbs-Merril, no date のページ数を括弧内に併記する（例：D 29[197]）。

第一部

哲学三都物語

――ヒュームとパリ、ロンドン、エディンバラ――

はじめに――スコットランド啓蒙

十七世紀後半、スコットランド啓蒙と呼ばれる時代が歴史に登場した。歴史家の中には、一七〇七年のスコットランドとイングランドとの連合から、詩人サー・ウォルター・スコットが亡くなった一八三二年までのスコットランドの文化をスコットランド啓蒙と呼ぶ者もいるが、これだけの長い期間を単一の文化として特徴づけることは難しい。十八世紀の後半、とくに一七六〇年から一七九〇年までの時期をそう呼ぶのが最も適切であろう。[1] ちなみに、「スコットランド啓蒙」という言葉は一九〇〇年にウィリアム・ロバート・スコットによって作られた。[2] 歴史ではよくあることだが、言葉ができたときには、指示対象は消滅していたと言える。

ともあれ、哲学だけでも、グラスゴー大学の道徳哲学教授フランシス・ハチスン（Francis Hutcheson: 1694–1746）を出発点として、デイヴィッド・ヒューム（David Hume: 1711–76）、アダム・スミス（Adam Smith: 1723–90）、ケイムズ卿ことヘンリー・ヒューム（Henry Home, Lord Kames: 1696–1782）、トマス・リード（Thomas Reid: 1710–96）などの思想家が活躍した時代である。他には、エディンバラ大学の修辞学教授であったヒュー・ブレア（Hugh Blair: 1718–1800）、イギリス社会学の創始者とも言えるアダム・ファーガソン（Adam Ferguson: 1723–1816）、歴史家のウィリアム・ロバートソン（William Robertson: 1721–93）、近代地質学の基礎を築いたジェームズ・ハットン（James Hutton: 1726–97）、炭酸ガスの発見者として知られる化学者ジョゼフ・ブラック（Joseph Black: 1728–99）などを輩出した。

イングランドとの連合

スコットランドは一五六〇年にジョン・ノックス（John Knox: 1505–72）によって宗教改革が行われ、カルヴィニズムに基づく長老派教会が設立された。一六〇三年にスコットランド王のジェームズ六世がイギリス王ジェームズ一世（1566–1625）となり、スコットランドは宮廷を失った。宮廷を失ったということは文化の中心を失ったということであり、スコットランドはアイデンティティのひとつを失ったのである。王の関心は豊かな南（イングランド）に向けられ、貧しい北（スコットランド）は顧みられることが少なくなった。[3]ジェームズ一世の子チャールズ一世（1600–49）はイングランド育ちで、スコットランドを理解しようとはしなかった。一六四三年には「厳粛同盟」（the Solemn League and Covenant）がイングランド・スコットランド両議会の間に結ばれ、長老派教会の存続が約されたが、国王は長老派教会を国教会に似た監督制（episcopacy）に変えようとして、これが清教徒革命（一六四九年）へとつながっていく。クロムウェルの統治下で、スコットランドは共和国（コモンウェルス）の一部となったが、一六六〇年の王政復古で、独立王国としての地位を取り戻した。王政復古で即位したチャールズ二世（1630–85）とその弟のジェームズ二世（スコットランド王ジェームズ七世：1633–1701）は、ロイヤル・コミッショナー（Royal Commissioner）を通じて、スコットランドを支配した。デイシーズによれば、スコットランド議会には、ローズ・オヴ・ジ・アーティクルズ（Lords of the Articles）として知られる委員会があり、これがあらかじめ議題と多くの決定を取り決めていた。こ

れはイングランドとの連合の前に廃止され、議会はその最後の数年間、独立性を発揮した。(4)

名誉革命（一六八八年）によってジェームズ二世が追放されたのち、長老派教会と国教会との抗争は一六九〇年に終わり、組織は長老派でカルヴィニズムを公認教義（ウェストミンスター信仰告白と大小の教義問答集）とするスコットランド教会が確立する。アン女王（1665–1714）の時、一七〇七年にスコットランドは連合王国に統一され、主権を失う。この連合により、スコットランドはイングランド議会に、貴族院議席十六、庶民院議席四十五を与えられた。しかし、イングランドとスコットランドとの間の摩擦は続いた。ジェームズ二世の復権を狙うジャコバイトの反乱は一七一五年と一七四五年に起こっている。もっとも、イングランドとの連合を前向きに捉える人々も少なくなかった。彼らのなかには、「イングランド」と「スコットランド」という古い名前を棄てて、「ブリテン」をとり、それぞれを「北ブリテン」、「南ブリテン」と呼ぶことをよしとした。実際、多くのスコットランド人は連合後に北ブリテンという呼び方を使ったし、わずかではあるが、イングランド人も南ブリテンという言い方をした。しかし、その語はすぐに使われなくなった。しかし、ブリテンという言葉は十八世紀の進歩的なスコットランドの知識人の心には理想として残った。スコットランド人のウィリアム・スメリー（William Smellie: 1740–95）は『エンサイクロペディア・ブリタニカ』（*Encyclopaedia Britannica*, 1760–71）を創設したのである。

スコットランドの教会と大学

連合後もスコットランドは、独自の教会をもち、ローマ法に由来する独自の法をもち、独自の教育組織をもっていた。それは各教区の学校と四つの大学である。四つの大学とは、セント・アンドリュース（一四一一年創立のスコットランド最古の大学）、グラスゴー（一四五一年にスコットランド王ジェームズ二世の請願に基づき、教皇ニコラウス五世（1447-55）の勅許によって創立）、アバディーン（ローマ・カトリックのキングズ・コレッジは一四九五年の創立であり、プロテスタントのマーシャル・コレッジは一五九三年の創立である。現在のアバディーン大学はこれら二つのコレッジが統合して一八六〇年に創立）、エディンバラ（一五八二年に「タウン・カレッジ」としてスコットランド王ジェームズ六世（イングランド王のジェームズ一世）の勅許を得て、翌年一五八三年に創立）の各大学である。

とりわけ、スコットランド独自の法体系はその国民的、文化的アイデンティティをなした。事実、スコットランド啓蒙を形成した多くの知識人たち（literati）は法律家であったか、法律の訓練を受けていた[5]。教会は、地方のカーク・セッション（kirk sessions）から、上位のプレスビュテリ（presbytery）、シノッド（synod）、ジェネラル・アセンブリ（General Assembly）の四重の教会法廷をもっていたが、その力は弱まりつつあった。一七四〇年代より教会は「福音派」（Evangelicals：ハイフライヤーとも呼ばれた）と「穏健派」（Moderate party）に分かれ、やがて後者がその勢力を拡大していく。彼らの多くはスコットランド啓蒙を支えることになる。ヒュー・ブレア、アダム・ファーガソン、ウィリアム・ロバートソンはみな、スコットランド教会の聖職者であった。彼らは、神学的な教義問答は福音派にまかせ、世俗的な道徳を強調した。もちろん、宗教的な事柄に関しては、理性だけでは不十分であり、神の啓示はどうしても必要である。しかし、啓示を解釈し、吟味するのは人間の理性であり、人間は理性的探求を必要とする。道徳哲学が必要な所以である。マッキンタイアーの言葉を借りれば、道徳哲学教授は世俗化された神学教授の役割を担うことになる。ハチスンの意義はそこにあった(6)。そして、若くしてスコットランドの知的伝統（カルヴィニズム神学とスコットランド法学）を二つともに捨てた哲学者が登場する。それがデイヴィッド・ヒュームである。彼の思想形成は三つの都市と深く関わっている。それは、パリ、ロンドン、エディンバラである。

一　北のアテネ（一七一一―三七）

デイヴィッド・ヒュームは一七一一年四月二十六日にエディンバラに生まれた。イングランドとスコットランドとの連合から四年後のことである。父のジョウゼフ・ヒューム（Joseph Home: 1681-1713）は、イングランドとスコットランドの「国境」（ボーダー）にあるベリックシャー（Berwickshire）、チルンサイド（Chirnside）に、ナインウェルズ（Ninewells）と呼ばれる小さな領地をもつジェントリー（郷紳とも訳される当時の地主階級）であり、冬季はエディンバラで弁護士を開業していた。ナインウェルズは、現在のベリック・アポン・ツィード近郊にある。ヒュームの育った家は、すでに一七四〇年に一度火災にあって、兄によって建て直されたが、一八四〇年頃にも火災にあって、再建されている。E・C・モスナーによれば、一九六〇年代までには、屋根のない廃墟となり、一九七〇年代までには、動かせるものはすべてなくなった(7)。

母はキャサリン・フォークナー（Katherine Falconer: 1684-1745）で、スコットランド高等法院長の娘であった。父母は義理の兄妹であった。一七〇八年の一月に結婚した二人の間には三人の子供があった。長男のジョン（John: 1709-85）、キャサリン（Katherine: 1710?-90）、そしてデイヴィッドである。父はデイヴィッドが二歳のときに亡くなり、子供たちは母によって領地のナインウェルズで育てられた。一家は決して裕福ではなく、長男でないデイヴィッドには自ら生計を立てなければならない運命が待ち受けていたが、彼の生涯の「指導的な情念」となる文芸に対する情熱は早くからデイヴィッドに芽生えていたようである。これからも見るように、スコットランド啓蒙を形成したのは、ヒュームのような中流階級の人々であった。彼らは、貴族や大地主ほど富裕ではなかったが、教育すら受けられない庶民ほど貧しくもなかった。

デイヴィッドは、兄のジョンとともにエディンバラ大学に入学した。正式には一七二三年と記録されているが、実際は一七二一年頃から大学に通っていた。後に北のアテネと呼ばれることになる、この頃のエディンバラは、今日「旧市街」（Old Town）と呼ばれる地域であり、長さ一マイル、幅半マイルほどの町だった。そこは、地方の領主たちの越冬地（winter-quarter）になっていた。彼らはそこで親類の法律家、医者、聖職者たちとともに冬を過ごした。旧市街は約一三〇メートルの高さの岩山に立つエディンバラ城から、東の麓のホーリールード・ハウス宮殿までの一マイル（ロイヤル・マイルと呼ばれる）の南側斜面に広がっていた。城の北側の麓には人工池ノール・ロッホ（Nor' Loch）があった。ロイヤル・マイルは一本道であるが、ローンマーケット、ハイ・ストリート、キャノンゲートの三つの通りである。E・C・モスナーによれば、エディンバラは物理的には一つの町であったが、行政的には二つであった。一つは下町のキャノンゲートであり、もう一つは山の手のハイ・ストリートであり、城門によって仕切られていた。人々は、方言で「ランド」(land)と呼ばれる、高い建物に住み、真ん中の階には、判事、下級貴族、貴族未亡人が住み、下や上の階には、もっと低い身分の人々が住んだ。通りに面した部分は、のちには、法律によって五階に制限されたが、後ろの部分は、斜面に立っていたので、九階や一〇階になっていた。通りから居住部分は「クロウス」(close)と呼ばれる通路で結ばれていた。建物はきわめて隣接して建てられていたので、一つの階段が異なる「家」の共有になることもあったし、同じタヴァーン(tavern)で飲食することもあった。このような状況で、「類を見ない知的交流」が生じた。つまり、思想やマナーがエディンバラにプールされたのであり、それが地方に広がったのである。モスナーは当時のエディンバラの市民をニューヨーカーに、町をマンハッタンにたとえている。[8][9][10]

ロックやニュートンの新哲学

デイヴィッドの生家はローンマーケットにあった。学期の間デイヴィッドと兄とは、母と姉とその家で過ごした。当時の多くの学生と同じく、彼らは学位をとらずに、一七二五年頃に大学を出た。一七二五年に火災があって家を失ったことも関係しているかもしれない。しかし、その後も家族は冬をエディンバラで過ごしているので、別の家を購入したものと思われる。[11]それはともかく、当時の大学教育は、現代の大学というよりも、たとえば、わが国の旧制高校の教育に相当すると考えた方がよい。デイヴィッドは、ギリシア、ラテンの古典はいうまでもなく、論理学、形而上学などを学んだ。モスナーによれば、ギリシア語の教授はウィリアム・スコット（William Scot）であり、論理学、形而上学の教授はコーリン・ドラモンド（Colin Drummond）であった。ヒュームはギリシア語をあまり得意にはしていなかったようであるが、スコットはグロティウスについても教示したのではないか、とモスナーは推測している。ドラモンドはロックやニュートンの「新哲学」も取り上げたと見られる。[12] さらには、数学や自然哲学にも触れたであろう。とりわけ、ロックやニュートンの「新哲学」がデイヴィッドに与えた影響は大きかったと思われる。自然哲学を教えたのは、ロバート・スチュアート（Robert Stewart）、数学はジェームズ・グレゴリー（James Gregory）であったと思われる。彼らはいずれもニュートン主義者であった。グレゴリーは一七二五年に退き、後任はコーリン・マクローリン（Colin Maclaurin: 1698–1746）であった。また、精神哲学と倫理学（Pneumatical and Ethical Philosophy）のクラスもあり、教授はウィリアム・ロー（William Law: 1686–1761）であった。一七二九年にはジョン・プリングル（John Pringle: 1707–82）が後任となった。

デイヴィッドの学生時代に、彼の思想形成に少なからぬ影響を与えたであろうと思われるグループがあった。それは「ランケニアン・クラブ」（Rankenian Club）である。[13] これは一七一六年か一七年に神学部や法学部に属する人々によって組織された私的なグループである。名称は、会合が行なわれた居酒屋の店主の名前からとられた。エディンバラ大学学長のウィリアム・ウィッシャート（William

Wishart: 1692–1753）もメンバーであった。初期のメンバーには、コーリン・マクローリン、ジョージ・ターンブル（George Turnbull: 1698–1748）などがいたし、のちにはジョン・プリングルもメンバーであった。クラブは、当時デリーの主教補佐であったバークリーとも文通による交流があった。ランケニアン・クラブのメンバーは大学の指導的な人々であったから、彼らの文芸上の情熱は教育にも反映されたであろうし、デイヴィッドの生来の情熱を強めたにちがいない。

「思想の新たな情景」

ヒュームのその後の数年間はナインウェルズの自宅での勉学に費やされた。彼の父も母方の祖父も法律家であったことから、彼自身も法律家になるものと家族からは期待されていた。実際、彼は、当初は法律の勉強に精を出した。しかし、『自伝』によれば、彼が好んで読んでいたのは、法律の本ではなく、キケロやウェルギリウスであった。そして、一七二九年の春、彼が十八歳の時、哲学への「決定的回心」が訪れる。「真理を確立しうる何か新しい手段を見つけようと」努力した結果、「思想の新たな情景が私に開けたように思われた」とヒュームは後に書いている。[14] ヒュームは過度の熱中のため、心身ともに健康を害してしまう。一七三四年の三月、ヒュームはブリストルへ行き、貿易商のマイケル・ミラーに雇われた。ヒュームが姓の綴りを'Home'から'Hume'に変えたのはこのときである。ブリストル滞在は、ヒュームが雇い主の英語を正そうとしたために、短期間に終わり、ヒュームは勉学のため夏にはフランスに渡った。

『人間本性論』の執筆

一七三四年から一七三七年までのフランス滞在の間に、ヒュームは『人間本性論』（*A Treatise of Human Nature*：以下、『本性論』と略記）を執筆する。初めは、パリでの短期間の滞在を経てランス（Rheims）に滞在した。ランスは、パリの北東約八〇マイル（一三〇キロ）にあるシャンパーニュ地方の都市であり、一二一一年に建てられた大聖堂がある。当時の人口は四万とヒュームは友人のマイケル・ラムジー宛の手紙で書いている[15]。ヒュームはこの頃ロックやバークリーを読み返していた[16]。一七三五年にはアンジュー（Anjou）のラフレーシュ（La Flèche）に移った。ラフレーシュは、パリの南西一五〇マイル（二五八キロ）、ロワール川の支流の右岸にあり、当時の人口は五千を越えなかった。デカルトが教育を受けたジェズイットの学院（アンリ四世（在位 1589–1610 年）が一六〇四年に創設）のある場所である。ヒュームがラフレーシュに移った理由の一つは、ランスでの生活費が高いこともあったようである。ヒュームは、ブドウで覆われたサン・ジェルマン・デュ・ヴァルの丘のやや下り坂にあったイヴァンドーの館に住んでいたらしい。ヒュームはそこから町に下り、学院の図書館に通ったものと思われる。これは一七六二年にルイ十五世（在位 1715–74 年。ルイ十四世の曾孫）によって解体されたときには、四万冊を越える蔵書をもっていた。ヒュームはここで二年間を過ごし、『本性論』を書き上げることになる。

二　ロンドンの憂鬱（一七三七―四九）

一七三七年の九月半ばにヒュームはロンドンに戻って、『本性論』の出版社を探した。これはロンドンでなければできないことだった。ロンドンは、もちろん、政治、経済、文化の中心として急速に発展していた。その人口は一八〇一年までに九十万に達している。ロンドンになかったのは大学くらいであった。ヒュームは一七三九年の二月までの十七ヶ月をロンドンで過ごすことになるが、ロンドンには三つの異なる世界があった。一つは政界や上流社会、それに劇場やヴォクソール・ガーデンズのような娯楽の世界、そして文芸の世界である。

ヒュームもコヴェント・ガーデンやドゥルーリー・レーンの劇場に足を向けたであろうし、シェークスピア劇も見たであろう。しかし、ヒュームはそれらが「趣味の洗練さ」に欠けると判断したようである。(17) ヒュームは夕方をランカスター・コートのレインボウ・コーヒー・ハウスでしばしば過ごしたらしい。コーヒー・ハウスはアン女王の治世に隆盛を極め、文芸、政治、経済などについての情報交換の場となっていた。最盛期には、ロンドンだけで二千件を越え、そこでは、新聞の配布、証券の取引までも行われた。保険会社のロイドもコーヒー・ハウスから始まった。だが、十八世紀後半には衰え、上流階級のクラブや庶民のパブに取って代わられ、コーヒーも紅茶に取って代わられる。ヒュームはそこでフランスから亡命していたプロテスタントのピエール・デメゾー（Pierre Desmaizeaux: 1673?-1745）と知り合った。デメゾーはピエール・ベールの友人で、かつては、理神論者のアンソニー・

コリンズ（Anthony Collins）や文人ジョウゼフ・アディスン（Joseph Addison: 1672–1719）の友人でもあった。因みに、アディスンは一七一一年に『スペクテーター』（*Spectator*）誌を創刊、その文体はヒュームにも影響を与えた。

連合以来、多くのスコットランド人がロンドンに居を構えたし、イングランド人との摩擦も生じていた。後進国のスコットランドに対する侮蔑もヒュームに疎外感をもたらしたであろう。実際、ロンドン（イングランド）は彼の性分に合っていなかった。彼はむしろパリ（フランス）を愛したし、その次にエディンバラ（スコットランド）を愛した。(18)

『人間本性論』の死産

『本性論』最初の二巻が一七三九年一月に、当時はよく行われたことだが、匿名で出版されたが、その評判はヒュームが期待したほどにははかばかしくなかった。ヒュームは『人間本性論摘要』（*An Abstract of a Book lately published; entitled, A Treatise of Human Nature*）を匿名で書いて、『本性論』の「主要な議論」の解説を試みた。また、グラスゴー大学の道徳哲学教授フランシス・ハチスンに第三巻の原稿を送り、批評を乞うたりもしている。ヒュームが後年『自伝』のなかで、この書が「印刷機から死産した」と彼が述べたことはよく知られているが、正確には「死産してほしかった」というのがヒュームの真意であろう。というのは、『本性論』は生き続け、（後世にとってはともかく）ヒュームの人生にとって好ましからぬ因果的帰結をもたらし続けることになるからである。

一七四〇年の末に、第三巻が「付論」(Appendix)とともに出版された。ヒュームは、『人間本性論』の最初の二巻の改訂版を出したいと考えていたが、それはできなかった。「付論」は、おそらくは、それの代わりであろう。[19] しかし、第三巻の評判は第一・二巻にもおよばなかった。ヒュームはナインウェルズに戻ったが、別の形で自らを世に問うことに取りかかった。それが『道徳政治論集』(*Essays Moral and Political*)である。『本性論』の失敗は、実質よりも様式にあると考えたヒュームにとって、エッセイの形をとることは自然の成り行きであった。こうして、一七四一年にその第一巻が出版され、かなりの成功を収める。翌年には第二巻が刊行され、ヒュームは自信を取り戻した。

ヒュームの「就活」

一七四四年の夏、エディンバラ大学の倫理学精神哲学教授であったジョン・プリングルがエディンバラ市長ジョン・クーツ(John Coutts: 1699-1751)に辞意をもらした。クーツは年若の友人であったヒュームに、そのポストに志願するように示唆した。しかし、当初はヒュームに有利と見えたが、翌年の三月にプリングルの辞職が決定した時には、事態は一変した。エディンバラ大学の学長であったウィリアム・ウィッシャートは『本性論』に見出される懐疑論、無神論を指摘して、ヒュームの選抜に反対した。ハチスンでさえも反対したことはヒュームにとってショックであった。ヒュームはこの非難に応じる形で、クーツに宛てて大急ぎで五月に手紙を書いた。これがヘンリー・ヒューム(ケイムズ卿)に伝わり、彼が無断で公にしたのが『ある紳士からエディンバラの友人への手紙』(*A Letter from a Gentleman to his Friend in Edinburgh*『エディンバラ書簡』）である。このころヒュームは、アナンデール侯爵（3rd Marquess of Annandale: 1720-92）より家庭教師になるように依頼され、二月の末にロンドンに向けて発っていた。彼が上記の書簡を書いたのは、ロンドンの北西にあるセント・オールバンズ近郊であった。しかし、六月にはクレッグホーン（William Cleghorn: 1718-54）が後任の教授として選抜され、ヒュームは大学の教授となる最初の機会を失った。

ヒュームには不運が続いた。この年の春に母の死を聞く。さらに、家庭教師として仕えた二十五歳の侯爵は正気ではなかった。果たせるかな、翌年一七四六年の四月の半ばにはヒュームは解雇される。この頃ヒュームはすでに、『人間知性に関する哲学論集』（*Philosophical Essays concerning Human Understanding*）――後に『人間知性研究』（*An Enquiry Concerning Human Understanding*：以下、『知性研究』と略記）と改題される――に取りかかっていた。一七四五年は英国の歴史においても重要な年であった。それはジャコバイトの反乱である。この事件によって、ヒュームの友人であり、当時エディンバラ市長であったアーチバルド・ステュアート（Archibald Stewart of Allanbank）はエディンバラを明け渡したかどで責任を問われた。ヒュームは彼を擁護する文書を書き、一七四八年にそれを公にしている。(20)

ヒュームとモンテスキュー

一七四六年の五月にロンドンからスコットランドへ戻ろうとしていたヒュームは、遠い親戚のセント・クレア将軍（James St Clair, Lieutenant General）からカナダ遠征に随行するように誘われた。さまざまな理由から遅延された揚句、行き先はフランスになったが、結局この遠征は失敗に終わった。一七四七年には、将軍の軍事使節に随行し、ウィーンとトリノに渡った。トリノでは美貌の伯爵夫人に恋したが、失恋に終わった。ヒューム三十七歳のときである。もっとも、ヒュームは恋だけに没頭していていたわけではない。この年の秋には、ヒュームはある重要な著作を読んでいた。それは、モンテスキュー（Charles de Secondat, baron de la Brède et de Montesquieu: 1689–1755）の『法の精神』（*L'Esprit de lois*）である。ヒュームは後に『法の精神』を評した長い手紙をモンテスキューに送っている。[21] モスナーによれば、モンテスキューはヒュームの才能を認めた最初の秀でた思想家であった。[22] 年末にヒュームはロンドンに帰国した。しかし、この仕事のおかげでヒュームは、政界にパイプをもつことができたし、文芸に専念できるだけの年収を初めて得ることができた。[23]

三　エディンバラに錦を飾る（一七四九—五八）

ヒュームは一七四九年の夏にはロンドンを発ち、ナインウェルズへ戻った。この後二年間、ヒュームは著述に専念した。実際、一七五〇年代はヒュームにとって最も多産の時であった。『道徳原理研究』（*An Enquiry Concerning the Principles of Morals*）、『政治論集』（*Political Essays*）、そして、死後出版となる『自然宗教に関する対話』（*Dialogues Concerning Natural Religion*）の最初の草稿が書かれたのはこの時である。『道徳原理研究』は一七五一年に、『政治論集』は一七五二年に出版された。一七五三年には、『本性論』を除く著作を集めた『著作集』（*Essays and Treatises on Several Subjects*）が刊行され、五六年までに四巻が出た。これは一七六四年まで四版を重ねた。『道徳原理研究』は、『本性論』第三巻の道徳論を書き直したものである。ヒュームは『自伝』（*My Own Life*）のなかで、これが「最上」の著作であると述べたが、世間の反応は「いまいち」であった。むしろ、ヒュームの文名を高らしめたのは『政治論集』であった。これは同年に第二版、一七五四年には第三版を重ねた。

歴史家としてのヒューム――『イングランド史』の執筆

ヒュームは、兄ジョンの結婚を機に、姉とともにナインウェルズを離れる決心をする。ある友人（Dr Clephane）はロンドンの自宅の部屋の提供を申し出た。「文人は都市に住むべきだとベールは言っている」とヒュームも思ったが、「スコッツマンとして、彼はロンドンですっかりくつろぐことはなかった」[24]。一七五一年に居をエディンバラに移した。彼の生家の近くである。当時のエディンバラは、彼が学生時代を過ごした頃と少しも変わっていなかった。ロンドン、ブリストルに次ぐ第三の都市であり、人口は五万人ほどである。最初はローンマーケットの南側のリドルズ・ランドに住んだが、一七五三年の五月十五日（Whitsunday）にはキャノンゲートのジャックス・ランドに移った。彼はそこで『イングランド史』を執筆することになる。そこでのヒュームの生活について、次のような話がある。ヒュームは早起きで、勉学に精出していたので、運動する暇がなかった。そこで、彼は朝早く散歩をして朝食までに帰宅した。当時のメイドは、ペギー・アーヴィン（Peggy Irvine）という名前で、召使いというよりむしろ専制君主であった。ある日ヒュームが外で遅い食事をした折、大きな鍵をポケットから出した。ヒュームが言うには、それはメイドから渡されたもので、彼女が主人の帰宅を待たないでいるためであった。彼女が言うには、誠実な男は午前様はしない、ということであった。ヒュームは彼女を最後までメイドとして雇い、のちに暮らしが良くなっても、彼女の上に別のメイドを置くことはしなかった。ヒュームが恐妻家にならなかったのは、結婚しなかったおかげでしかない(25)。

また、ヒュームは一七五一年に、エディンバラ哲学協会（The Philosophical Society of Edinburgh）の幹事のひとりに選ばれている。先にランケニアン・クラブについて述べたが、十八世紀の後半には他の組織がその伝統を受け継いでいった。エディンバラ哲学協会はその一つであるが、一七三一年に創立され、当初は医学を中心としていた。一七三七年にはコーリン・マクローリンの提案で、哲学や文芸にまで範囲を拡大した。一七四五年のジャコバイトの乱で会合は中断され、翌年にはマクローリンが亡くなった。しかし、一七五一年には再開されていた。ケイムズ卿は当初からのメンバーであった。ヒュームがいつ入会したかは定かではないが、幹事として会報の編集に尽力した。

エディンバラには他にも学術団体があった。一七五四年に画家のアラン・ラムジー（Allan Ramsay: 1713-84：同名の父（1686-1758）は詩人として知られる）によって創立されたセレクト・ソサエティ［選良協会］（The Select Society）は、関心領域が最も広く、最も広範な文化的影響を及ぼした。また、ポーカー・クラブ（The Poker Club）のテーマは政治に限定されていた。これは一七六二年に創立されたが、その大義名分は、表向きには、スコットランド義勇軍の創設を促進することであった。しかし、敵を刺激しないために、曖昧な名称としてポーカーが選ばれたという。アレクサンダー・カーライルの記述によれば、アダム・スミスがこの名称を思いついたという。「火かき棒が義勇軍問題を熾《おこ》すであろう」という趣旨だったらしい[26]。ヒュームはこれら三つのグループすべてのメンバーであり、それらの活動において指導的な役割を果たしている[27]。エディンバラには他にも多くのクラブがあった。一七六四年に創立されたケイプ・クラブ（Cape Club）は、詩人、画家、印刷屋など様々な職業の人々の集まりであった。ウィリアム・スメリーが創立したクロシャラン・フェンシブルズ（Crochallan Fencibles）には詩人のロバート・バーンズも参加していた。彼らはタヴァーンや地階で牡蠣を売っていたオイスター・セラー（oyster cellars）、そして、「レイヒ・ショップ」（laigh shops）と呼ばれる低い建物の店で会合をもった。なかには、豚小屋と呼ばれる部屋でブーブー話し合う雄豚クラブ（Boar Club）とか、パイを食べるために集まる敬虔クラブ（Pious Club）、綺麗な服を着てはいけないダーティー・クラブ（Dirty Club）というものもあった[28]。

エディンバラ以外では、一七五二年にグラスゴー文芸協会（The Literary Society Of Glasgow）が設立されており、アダム・スミスは特別メンバーであった。ヒュームも次の年にメンバーに選ばれている。ヒュームとアダム・スミスが知りあったのはヒュームがエディンバラに移る数年前であったと推測される。モスナーによれば、ヒュームがエディンバラに滞在していた一七四九年から五〇年にかけての冬と一七五〇年から五一年にかけての冬の間のある時期にスミスと会ったと思われる。仲介したのはケイムズ卿かダニキエルのジェームズ・オズワルド（James Oswald of Dunnikier: 1715–69）であろう。[29]

ヒュームの最後の「就活」と反ヒューム・キャンペーン

そして、大学教授になる最後の機会がヒュームにおとずれた。グラスゴー大学の論理学教授の地位である。一七五一年の十一月にハチスンの後任であった道徳哲学教授トマス・クレイギー（Thomas Craigie）がリスボンで亡くなった。論理学教授であったスミスがその後に移ったため、そのポストが空いた。しかし、今回も敵に事欠かないヒュームにはその機会も結局失われた。「スコットランドの最も秀でた哲学者はついに哲学教授になることはなかった」のである。[30]

しかし、（ヒュームがこんな言い方を気に入るかどうかはともかく）「捨てる神あれば拾う神あり」で、一七五二年にはエディンバラの法曹協会図書館長（Keeper of Advocate's Library）に選ばれた。ヒュームは三万冊の蔵書を自由に使える身となった。一七五七年には評議員たちとの不和によってこの職を辞するが、[31]これによって『イングランド史』六巻を書く機会がヒュームに与えられたのである。『イングランド史』の第一巻は一七五四年に、『グレート・ブリテン史　第一巻　ジェイムズ一世とチャールズ一世の治世』（*The History of Great Britain Vol. I Containing the Reigns of James I and Charles I*）と題して出版された。そして、一七六二年には、年代順にまとめられた『イングランド史』（*History of England*）全六巻が完成する。ヒュームはこの書によって歴史家としての名声を確立し、『イングランド史』は「傑作」としてヒュームの死後もその名声を維持することになる。

一七五五年から、スコットランド教会内部では反ヒューム・キャンペーンの動きがあった。槍玉にあがったのは、デイヴィッド・ヒュームだけではなく、ヘンリー・ヒュームもいっしょであった。これは教会内部の穏健派と福音派の抗争でもあった。二人のヒュームは穏健派に多くの友人を持っていたからである。一七五五年には、穏健派の人々によって『エディンバラ評論』(*Edinburgh Review*)が創刊された。創設したのは、ヒュー・ブレア、ロバートソン、アダム・スミスなどヒュームの友人たちであった。福音派もこれを見逃しはしなかった。しかし、『評論』は二冊が刊行されただけで終わった。モスナーは『評論』[32]が短期に終わった原因を、その地域主義、とりわけヒュームを含めなかったことにあると見ている。両派の戦いは一七五七年まで続いたが、ヒュームを糾弾しようとする策動は穏健派によって阻止された。

四　ロンドン――住めば都？（一七五八―六二）

ヒュームは、『イングランド史』第二巻を一七五六年に刊行した（原題は『グレート・ブリテン史第二巻　コモンウェルスおよびジェイムズ二世とチャールズ二世の治世』）。この時点でヒュームは、次の第三巻で、さらに時代を下って、ウィリアムとメアリーの治世に向かうべきか、それとも、もっと時代をさかのぼるべきか、思案していた。前者の方が売れるであろうが、資料を収集するにはロンドンに住む必要があった。ヒュームはすでに一七五七年に法曹協会図書館長を辞していたからである。翌年、ヒュームは決心してロンドンに向かった。このとき、ヒュームはエディンバラでの糾弾に嫌気がさしてロンドンに永住するつもりだとの噂が広まった。ヒュームはロンドンで、アンとペギーのエリオット姉妹の家に下宿した。場所はレスター・スクウェア近くのリスル・ストリート（シャフツベリー・アヴェニューの二筋南）にあった。さすがのヒュームも今回のロンドン滞在は解放感を味わったらしく、スコットランドに戻りたくないようであった。

ヒューム批判と誤解の始まり

ヒュームの名が挙がるにつれて、ヒューム哲学批判の動きも高まってきた。一七五八年には、リチャード・プライス（Richard Price: 1723-91）がヒュームの道徳論を批判した『道徳における主要な問題と困難の吟味』（*A Review of the Principal Questions and Difficulties in Morals*）を出版した。ヒュームとプライスはまもなくロンドンで出会い、親交を持つことになった。この年に、ヒュームはロンドンでエドモンド・バーク（Edmund Burke: 1729-97）やベンジャミン・フランクリン（Benjamin Franklin: 1706-90）と知り合っている。やがてバークはヒュームを痛烈に批判するようになるが、ヒュームとフランクリンとの親交は続き、ヒュームは一七七一年十月にエディンバラでフランクリンを歓待している。ヒュームはまた、ヒュームを敬愛していた若きエドワード・ギボン（Edward Gibbon: 1737-94）やロイヤル・ソサエティの秘書だったトマス・バーチ（Thomas Birch）と知り合っている。

一七五八年は、アバディーン哲学協会（Aberdeen Philosophical Society）が設立された年である。これは、アバディーンのマーシャル・コレッジの神学者ジョージ・キャンベル（George Campbell:

1719-96）や、同じくアバディーンのキングズ・コレッジの教授であった哲学者トマス・リードなどが中心となり、自然科学や人間科学についての議論を目的としたが、やがてヒューム批判の拠点となっていく。リードは、スコットランド常識学派の基礎を築いた哲学者として知られることになるが、ヒューム哲学を懐疑論としてしか見ない「根本的な誤解」の創始者でもあった(33)。

一七五九年の一月にブリティッシュ・ミュージアムが開設された。ヒュームはこれでロンドンでの資料収集に苦労する必要はなくなった。この年の三月には、リーディング・ルームの半年間の使用を許可され、一七六一年には七月と十一月に更新されている。ヒュームは上流社会との交流ももった。とりわけ、ブルーストッキング（Bluestocking）として知られるようになるエリザベス・モンタギュー夫人（Mrs. Elizabeth Montagu: 1720-1800）とも親しくなった。彼女は、一七四七年に結婚し、一七五〇年から自宅で客を招いて、フランス風サロンの女主人となった。一七六六年にはスコットランドを訪れている。ただ、ヒュームはあるご婦人にだけは我慢がならなかったようである。マレット夫人は、ヒュームと一面識もなかったが、ある会合で、「ヒュームさん、自己紹介してよいかしら。私たち理神論者はお互い知り合わなくてはいけませんわ」と切り出した。「奥様」とヒュームは答えた。「私は理神論者ではありません。私は自分をそのように呼びませんし、そのような呼称で知られることも望みません」と(34)。

一七五九年の三月に『イングランド史：チューダー朝』二巻を刊行したヒュームは、このままロンドンに定住するか、エディンバラに帰るかの選択を迫られた。しかし、この年の十月にはヒュームはナインウェルズに戻り、一週間後にはエディンバラにいた。そして、一七六一年には再びロンドンに戻った。そして、十一月には『イングランド史：ジュリアス・シーザーの侵入からヘンリー七世の即位まで』二巻を刊行した。このときのヒュームは、もはやロンドンに定住する気はなくしていた。モスナーは、それを当時の政治的、社会的状況の変化にあると見ている。(35) 一七五六年に始まった七年戦争は、イングランドの自信を増大させた。七年戦争を指導した大ピット（William Pitt: 1708-78）は、フランスとの植民地戦争に勝利し、イギリス海外発展の基礎を固めた。折しも一七六〇年にはジョージ三世が即位した。イングランドのナショナリズムは反スコットランドの機運を醸成した。ロンドンは、スコッツにとって安住の地ではなくなった。ヒュームはイングランド人を「テムズ川の堤に住む野蛮人」(36)と呼び、「ある人々は、トーリーでないといって私を憎み、ある人々は、ホウィッグでないといって私を憎み、またある人々は、キリスト教徒でないからといって私を憎み、すべての人々が、スコットランド人だからといって私を憎んだ」(37)とヒュームはのちに書いている。

五　パリ——サロンの憂愁（一七六二—六七）

一七六二年の五月にヒュームはエディンバラのジェームズ・コートの居を構えた。この建物は一七二七年築で、ローンマーケットの北側にあって、御歴々が住んでいた。ヒュームの「家」は、おそらく、南に面した三階部分と、北に面した六階部分であろう。(38) そこからは、エディンバラの町の眺望が広がり、さらにはリースの港も見えたであろうし、アダム・スミスの住むカーコーディーも見えたであろう。言うまでもなく、姉のキャサリンとメイドのペギーも一緒だった。

スコッティッシュとイングリッシュ

　ここで、ヒュームの年来の気がかりについて述べておくのもよいであろう。ヒュームは若い頃から正しい英語を書こうと努力してきた。しかし、ヒュームは生涯、英語を低地スコットランドの発音で話していた。それだけに、書かれた英語と、スコットランド方言との背馳はつねにヒュームについて回った。これほど多くの、ヨーロッパにも秀でた文人を生み出しながら、どうしてわれわれ［スコットランド人］の発音やアクセントは昔のままなのであろうか、とヒュームは嘆いていた(39)。イングランドとの連合以来、スコットランドは多くの代表をイングランドに送った。しかし、スコットランド訛りはロンドンではほとんど外国語のように理解されなかった。ヒュー・ブレアが一七六二年にエディンバラ大学の修辞学と文学の教授に任じられたのは偶然ではない。スコットランドは、話す英語を必要としていた。一七六一年には、エディンバラのセレクト・ソサエティがトマス・シェリダン（Thomas Sheridan）の講義を後押しした。シェリダンは、有名なスウィフトの父の友人の息子であったが、アイルランドの俳優で、英語の正しい話し方を教えるのにうってつけの人物であった。そのときヒュームはエディンバラにはいなかったが、ヒュームも正しい英語の重要性を誰よりも認識していた。ヒュームは、英語の文語から排除されるべきスコットランドの慣用表現をリストアップした。これは一七五二年の『政治論集』のいくつかのコピーに掲載された(40)。

十八世紀のスコットランドの文人はヨーロッパ、とりわけフランス文化に惹かれていた。彼らの外観はコスモポリタンで、啓蒙的であった。彼らはスコットランド固有の文化を拒絶した。ひとつは、スコットランド・ゲール語の伝統である。彼らはまた、低地スコットランドの伝統も拒絶した。ともあれ、その後のスコットランド文学は、ロバート・バーンズのような国民的詩人が出たにもかかわらず、全体としては衰退の一途をたどった。[41] 要するに、地域主義（provincialism）を脱して世界市民主義（cosmopolitanism）へという十八世紀スコットランド知識人のモットーは、文化はフランス、言語は英語という形をとったし、われらがヒュームもその例外ではなかった。

一七六〇年代にはオシアン問題が起こった。ジェームズ・マクファーソン（James Macpherson: 1736-96）がケルト人の古代詩オシアンの翻訳と称して『古代詩断片』（*Fragments of Ancient Poetry, Collected in the Highlands of Scotland, and Translated from the Galic or Erse Language*）を刊行し、その真偽が問題となった。大御所サミュエル・ジョンソン（Samuel Johnson: 1709-84）はそれを偽作であると決めつけたが、ヒュー・ブレアは真作であるとマクファーソンを擁護した。ヒュームは、スコットランドのナショナリズムに引かれながらも、懐疑の念を抑えられなかった。のちにヒュームは、「オシアンの詩について」（"Of the Poems of Ossian,"）[42] を書き、それが真作であることをはっきりと疑問視するが、おそらくはヒュー・ブレアに遠慮して、公刊を思い止まった。[43]

『イングランド史』を完成させた頃、[44] ヒュームの名はフランスで知れ渡っていた。すでに、『政治論集』は一七五四年に仏訳されていたし、『知性研究』を含む『哲学著作集』が一七五八―六〇年に仏訳されていた[45]。また、『スチュアート朝の歴史』が一七六〇年に仏訳され[46]、『チューダー朝の歴史』が一七六三年に仏訳された[47]。ヒュームはあこがれのフランスに渡った。一七六三年十月のことである。駐仏大使となったハートフォード卿に随行し、初めは私的な書記官として、パリに滞在した。この間彼はサロンを大いに享受することになる。ヒュームは、しかし、フランス語をそれほど流暢に話せたわけではない。実際、彼のフランス語はスコットランド訛りのフランス語であった。しかし、フランス人にとっては、英語訛りでもスコットランド訛りでも大した違いはなかったであろう。

「人生色々、サロンも色々」

文化サークルとしてのサロンは中世の宮廷にもあったが、フランスのサロンは十七世紀にイタリアからリヨンを経てパリに伝わったようである。一六二九年に始まったコンラールのサロンはアカデミー・フランセーズを生む母体にもなった。サロンでは、貴族の妻が客間を開放し、上品で機知に富んだ会話を楽しみ、様々な教養を身につけた。優雅さの点では、同時代のロンドンのコーヒーハウスとは月とスッポンで、比べものにならない。サロンでは、ゲームや音楽やダンスも催されたが、主たる娯楽は会話だった。会話の主題は女主人の関心に左右されるが、芸術であったり、文学であったり、哲学であったりと、広い範囲に及んだ。

ヒュームの幸運は彼が外国人であったことにもある。つまり、彼はいくつかのサロンを回ることが許されたのである。このような浮気はふつうのフランス人には認められていなかった。当時サロンを切り回していた貴婦人たちとしては、ジョフラン夫人、デファン夫人、レスピナス嬢、そしてブフレール夫人がいた。

ヒュームが最初に訪れたのはジョフラン夫人（Marie-Thérèse Rodet Geoffrin）のサロンであったと思われる[48]。彼女だけはブルジョアジーであった。彼女の夫は一七四九年に亡くなったが、莫大な財産を残したのである。そして、彼女はサン・トノレ街の王国を築いた。彼女は月曜日に芸術家を招き、水曜日に文人を招いた。ヒュームは水曜日のソワレ（夜会）にしばしば招かれた。ジョフラン夫人は時事的な話題についての会話を避けた。これはヒュームを少しイライラさせたようである[49]。

ジョフラン夫人と対照的であったのがデファン夫人（Marie de Vichy-Chamrond, marquise du Deffand: 1697-1780）である。彼女は一七四七年からはサン・ドミニク街にサロンを開いていた。かつて社交界で浮き名を流した夫人も五十歳で失明し、当時はすでに六十歳を越していたが、ヒュームはそこでの自由な会話を楽しんだであろう。そこには、しかし、もっと若い女主人もいた。それがレスピナス嬢（Julie-Jeanne-Eléonore de Lespinasse: 1732-76）であった。彼女はリヨン生まれの私生児で、失明した叔母のための読書係としてパリに出て、夫人の若いコンパニオンとして、多くの文人を引きつけた。ヒュームも彼女に惹かれたであろう。夫人は日中はほとんど寝ており、夕方の七時に起きて、それから客を迎えるのが常であった。ある日、一七六四年の四月も終わりの頃、夫人がいつもより早く目を覚ますと、すでに何人かの客がレスピナス嬢の部屋を訪れ、彼女のご機嫌を取っていた。当然、夫人は驚き、怒ったが、この早すぎる訪問は偶然ではなく、すでに長らくの習慣であったことを知ることになる。

こうして、レスピナス嬢は夫人の家を出て、二度と戻らなかったが、多くの客も連れて出ていった。レスピナス嬢は、当時全盛であった。文学、哲学、科学に通じ、英語、イタリア語、スペイン語をよくした。彼女について行ったお客は、もちろん、夫人のサロンには出入り禁止になった。

われらがヒュームはどうだったか。ヒュームは、外交家としては、二人のご婦人ともに仲よくやりたかった。しかし、年長者から、どちらかを選ぶように忠告され、結局、ヒュームは夫人から終生嫌われる選択をした。レスピナス嬢は二つの恋に情熱を燃やしたことでも知られるが、ダランベール（Jean Le Rond d'Alembert: 1717-83）の終生の友でもあった。

さて、ヒュームが最も親密な関係をもったのは、ブフレール伯爵夫人（Marie-Charlotte-Hyppolyte de Campet de Saujeun, Comtesse de Boufflers: 1724-1800）であった。夫人は、一七四五年に結婚していたが、五一年からはコンティ公（Louis-François de Bourbon, Prince de Conti: 1717-76）の寵愛を受け、ル・タンプルのサロンを取り仕切っていた。夫人とヒュームの交際は、二年前の夫人からの熱烈なファン・レターから始まった(50)。夫人とヒュームがパリで会ったのは、夫人三十八歳、ヒューム五十二歳のときであった。二人の交際は、一七六四年の夏頃から親密度を増していったが、夫人の夫が十月末に亡くなってから、夫人とコンティ公との結婚が噂された。これは、二人の身分違いもあって、実現しなかったが、ヒュームは夫人の親友の地位に甘んじた。

「フィロゾーフ」との交友

ヒュームはパリで多くの「フィロゾーフ」（Philosophes：十八世紀フランスの啓蒙思想家たち）と知り合った。ダランベールの他、ディドロ（Denis Diderot: 1713-84）、ドルバック（Paul Henri Thiry d'Holbach: 1723-89）等のいわゆる「百科全書派」の人々である。ディドロとダランベールはすでに『百科全書』（*Encyclopédie; ou, Dictionnaire raisonné des sciences, des arts, et des métiers,* 1751-72）の第一巻を一七五一年に刊行し、五七年までに七巻を刊行し終えていた。その後、ダランベールは編集者を辞したが、ディドロが一七七二年に全十七巻、図版十一巻からなる『百科全書』を完成させた。ダランベールとヒュームとの間の親密さを示す事実がある。(51) ダランベールの思い出話として、彼は、ヒュームが人と話すときに相手をじっと見つめる癖があることに気づき、その癖はできるだけ早くやめた方がいいと親身に忠告したことがあった。残念ながら、ヒュームはその癖をやめることができなかったし、あとで見るように、それはルソーのような神経質の人間をヒステリックにさせる一因にもなったであろう。ディドロもヒュームと親密な交際をもった。ディドロは、彼自身も巨漢であったが、ヒュームの巨漢に驚き、よく太ったシトー修道士（un gros Bernardin bien nourri）と間違えただろうと認めている。因みに、シトー修道会は、一九〇八年に設立され、粗衣粗食をモットーとした。十四世紀に衰退したが、今日のトラピスト修道会は、これを継承し、分離独立したものである。

ヒュームが「フィロゾーフ」との交友で満足しなかった点があるとすれば、それは彼らの「軽薄的な独断論」であったと思われる。それは、ヒュームにとって、エディンバラの「重々しい独断論」よりは快いものであったかもしれないが、独断論であることに変わりはない。独断的な無神論者でも独断的な懐疑論者でもなかったヒュームは、エディンバラでは、独断的有神論者によって無神論者と見られ、パリでは、独断的無神論者によって懐疑論者と見られた。次に述べる逸話は、以上のことを念頭に置くと、真実性をいっそう増すように思われる。それは、サミュエル・ロミリー卿がディドロの言葉として残しているものである。

私はあなたに彼［ヒューム］の性格についてお話ししますが、しかし、それはあなたにはもしかして少しスキャンダルかもしれません。というのは、あなた方イギリス人は少しは神を信じているからです。われわれはほとんど信じていません。ヒュームはドルバック男爵の家で多くの人々と晩餐を共にしました。彼は男爵のそばに座っていました。話は自然宗教についてでした。「無神論者について言えば」とヒュームが言いました。「私はそのような者がいるとは思いません。私はそのような者を見たことがありません」と。「あなたは少し不運だったのですよ」と誰かが答えた。「あなたは初めてこのテーブルに十七人もの無神論者と一緒にいるのですから」と。(52)

ヒュームは一七六四年に『トリストラム・シャンディ』の著者ローレンス・スターン（Laurence Sterne: 1713–68）とも知り合っている。(53)「ル・ボン・ダヴィッド」（le bon David :「ダヴィッドのお馬鹿さん」）とあだ名されたヒュームのパリ滞在は、一七六五年の夏に転機が訪れる。ハートフォード卿の尽力でヒュームはこの年の七月に正式の大使館付き書記官（Embassy Secretary）となった。卿はその後休暇を取ってパリを去り、八月にはアイルランド総督に任ぜられた。卿はヒュームを誘ったが、ヒュームは断念した。[54] 後任大使のリッチモンド公が十一月に着任するまでの間ヒュームは代理大使(Chargé d'affaires)をつとめたが、リッチモンド公はヒュームを書記官にするつもりはなかったので、ヒュームのパリ滞在は終わりに近づいた。

ヒュームとルソー――「悪魔と裏切り者」

ヒュームはついにヴォルテール(Voltaire: 1694-1778)に会うことはなかった。もし彼に会っていたら、この男に会うことはなかったかもしれない。ジャン-ジャック・ルソー(Jean-Jacques Rousseau: 1712-78)である。彼がパリに着いたのは、一七六五年の十二月であった。ヒュームがルソーのことを聞き知ったのは一七六二年で、ブフレール夫人の手紙による紹介によるものだったが、ルソーとの仲を直接取り持ったのはヴェルドゥラン夫人(Marie-Louise-Madeleine de Brémond d'Ars, Mme de Verdelin, ?-1810)であった。ヒュームはルソーに会って、強く惹かれた。[55]「貴方はあの男のことを分かっていない」というドルバックの忠告にもかかわらず、[56] 一七六六年の一月にヒュームはルソーを連れて英国へ戻った。ヒュームは哀れなルソーの保護者を買って出たつもりだったが、被害妄想のルソーは猜疑心で以てヒュームに報いた。両者は罵詈雑言の応酬のあと、一七六七年にルソーはおぞましい英国を去った。[57] 両者の喧嘩の一部始終は一七六六年十月にまずパリで、次いで十一月にはロンドンで出版された。おそらく、ヒュームに責められるべき点があるとすれば、これを公表したことであろうが、モスナーが言うように、「ル・ボン・ダヴィッドも結局は聖人ではなかった」のである。[58] ルソーはともかく、ヒュームはこの一件を悔やんだ。『自伝』ではこれについては一切触れられていない。一七六六年の九月にヒュームはいったん故郷に戻るが、翌年の二月にロンドンにおもむき、コンウェイ将軍のもとで北部担当の国務次官（Under-Secretary of State）に就いた。これは閑職であったらしいが、一七六九年にはコンウェイ将軍が辞したので、ヒュームの任も解かれた。ヒュームは、しばらくはロンドンにとどまったが、翌年の八月にエディンバラに隠退した。これは文字通り公的な場面からすっかり身を引くことであった。

六　再び、エディンバラ――終の棲家《すみか》（一七六七―七六）

エディンバラでのヒュームの隠退生活はおおむね平穏であった。エディンバラは、一七六七年から、ジェームズ・クレイグ（James Craig: 1744-95）の計画に基づいて、いわゆる「新市街」（the New Town）の建築が始まっていた。城の濠であったノール・ロッホはすでに埋め立てられて、空堀となり、公園になる予定であった（現在は、ウエスト・プリンシーズ・ストリート・ガーデンズとなっており、東側にエディンバラ・ウエイヴァリー駅がある）。その北側にプリンシーズ・ストリートが東西に伸び、新市街はその北側に広がっていた。旧市街と新市街を結ぶノース・ブリッジが建築中であった。ヒュームは新市街に惹かれ、そこに新居を建てることを思いついた。その間ヒュームは、ジェームズ・コートに居住していたが、そこは「とても心地よく、格調さえありますが、私の料理の偉大な才を発揮するには狭すぎます」と言っている。そして、残りの生涯を料理の学問にふけるつもりだ、とも。実際、ヒ

ユームはエリオットに自分の料理を自慢している。(59)

エディンバラの魚売り女と「罰当たりのヒューム」

一七七〇年の冬から翌年の春にかけて、ヒュームはせっせと建築中の新居を視察していた。ノース・ブリッジがまだできていないときだったので、ヒュームは新市街への近道として、埋め立てられた濠の沼地を渡るのが常だった。ある日ヒュームは、足を滑らせて、沼地に落ちて、もがいても抜け出すことができなかった。まもなく、彼は魚売りの女に気づいてもらうことができた。「無神論者のヒューム」を、つまり「罰当たりのヒューム」を助けて良いものかどうか迷っている彼女に、「あなたの宗教は敵に対しても善を為すように教えていないかね」とヒュームは諭した。「そうかもしれんけど、お前さんがキリスト教徒にならんうちは、そこから出られんよ。主禱文と使徒信条を繰り返し唱えなされ」と彼女は答えた。驚いたことに、ヒュームは直ちにそれに応じた。そして、すぐに沼から引き出された。これ以後ヒュームは、エディンバラの魚売り女はこれまで彼が出会った最も鋭い神学者だということを認めたという。(60)

「セント・デイヴィッド・ストリート」

一七七一年の五月にはジェームズ・コートからセント・アンドリュー・スクウェアの南西側にある新居に移った。その家はプリンシーズ・ストリートに抜ける脇道に面していた。当時、この脇道には名前がなかったが、その後「セント・デイヴィッド・ストリート」と呼ばれるようになる。それには次のような物語がある。スコットランドの財務裁判所の首席裁判官だったロバート・オードの三女ナンシー・オードは可愛いイングランドの女の子で、ヒュームのお気に入りだった。ナンシーにはユーモアの才があり、ある日、ヒュームの家の前の道に、ふざけて「セント・デイヴィッド・ストリート」とチョークで書いた。メイドのペギーはそれを見つけて、ご主人を侮辱したものだと思って、怒ってヒュームに訴えた。ヒュームはそれを見て、それに触れないようにと彼女に言った。「気にしなさんな。ラッシー。多くのもっと良い人々が聖人にされてきたのだからね」と。(61)

一七七二年にはヒュームの健康に衰えが見え始めたが、ヒュームはそれをできるだけ友人たちから隠そうとした。しかし、三年後には、急速に衰えが目立ち、一年以内に体重が七〇パウンド（約三二キロ）も減少した。夜間の高熱、激しい下痢、体内出血が症状だった。ヒュームは、これらは母が患ったものであり、ついには母の死に至った症状であることに気づいた。一七七六年の一月四日には遺書を書き、四月には補足書（codicil）を追加している。四月十八日には『自伝』も書かれた。その三日後にヒュームは、かつてエディンバラ大学の教授であったジョン・プリングルに説得されて、診察と治療のためにロンドンに向かった。五月一日にロンドンに着いた。プリングルは結腸の狭窄と診断し、バースの水が効くだろうと言った。しかし、バースでの診断は胆汁過多症で、バースの水は効かないということであった。別の医師は触診で肝臓に腫瘍があると診断した。ヒュームの病気は、大腸がんであるという可能性は排除できないが、おそらくは慢性の潰瘍性結腸炎と推測される。ともあれ、ヒュームは六月の末にはバースからロンドンを経てスコットランドへの帰途についた。七月四日には友人たちとお別れの夕食会が開かれた。奇しくも、この日はアメリカの独立宣言が調印された日であった。

死後と来世

七月七日の日曜日、ジェームズ・ボズウェル（James Boswell: 1740-95）は、死に直面した哲学者が来世について意見を変えていないかどうか確かめたいと思い、ヒュームを訪ねた。彼は来世があることは可能ではないかとヒュームに問うた。火にくべられた一片の石炭が燃えないことも可能である、とヒュームは答え、われわれが永遠に存在するということは最も不合理な空想である、と付け加えたという。ヒュームの気がかりは未発表の論稿『自然宗教に関する対話』であった。ヒュームは当初これの出版をアダム・スミスに託したが、スミスがためらったので、自由裁量を認めた。しかし、ヒュームは八月七日に新たな補足を遺言に加え、ストラーハンにすべての原稿をゆだねて、『対話』を自分の死後二年以内に出版するように希望した。最終的には、しかし、もしそれが二年半以内に出版されない場合、甥の同姓同名のデイヴィッドが出版するように遺言した。八月二十四日の夕方には話すこともできなくなり、二十五日の午後四時、ヒュームは死後への「希望も恐れもなく」死んだ。葬儀は二十九日に行われたが大雨の日だったという。かつて引き下げられた二つのエッセイ「自殺について」と「魂の不死性について」は、一七七七年に『二試論集』（*Two Essays*）と題してロンドンで刊行されたが、著者名も出版者名もない海賊版であった。ヒュームの名を冠して刊行されたのは一七八三年であった。『対話』は、遺言通りに、ヒュームの死後三年して一七七九年に出版された。

おわりに――啓蒙の行方

われわれは、ヒュームの生涯をたどりながら、エディンバラ、ロンドン、パリという三つの都市とその文化が当時の啓蒙思想とどのように関わっていたかを一瞥してきた。スコットランド啓蒙の中心であったエディンバラには、エディンバラ哲学協会やセレクト・ソサエティなど多くのクラブが創られ、知識人たち（literati）の交流の場となっていた。ロンドンは、ヒュームが好むと好まざるにかかわらず、彼に不可欠な出版社や職業の機会を与えたし、パリでは、サロンがヒュームとフランス啓蒙の哲学者たちとの交流の場を提供した。スコットランドの啓蒙は、文明開化という改革にとどまったが、フランスの啓蒙はのちの革命につながる啓蒙であった。しかし、啓蒙という観点から見ると、スコットランドの啓蒙とフランスの啓蒙は多くの共通点をもっている。スコットランドは『エンサイクロペディア・ブリタニカ』を生み、フランスは『百科全書』を生んだというような表面的な類似だけではない。いずれもイングランドに比べれば後進であり、多くをイングランドから学んだ。たしかに、ヒュームも啓蒙という時代の子ではあったが、それだけではなかった。ヒュームは理性に懐疑の目を向けることによって啓蒙の限界を見据えてもいたのである。しかし、それを語るには別の話が必要である(62)。

注

（1） David Daiches, "The Scottish Enlightenment," in David Daiches, Peter Jones and Jean Jones, eds., *A Hotbed of Genius: The Scottish Enlightenment 1730–1790*, Edinburgh U. P., 1986, p.1.
（2） Alexander Broadie ed., *The Cambridge Companion to The Scottish Enlightenment*, Cambridge U. P., 2003, Editor's Introduction, p.3.
（3） Daiches, op. cit., p.7.
（4） Cf. Daiches, ibid., p.8.
（5） Daiches, ibid., p.7.
（6） Alasdair MacIntyre, *Whose Justice? Which Rationality?*, Duckworth, 1988, pp.250–251.
（7） E. C. Mossner, *The Life of David Hume*, Oxford: Clarendon Press, second edition, 1980, p.28, n.1.
（8） Mossner, ibid., p.36.
（9） Douglas Young, "Introduction,"in *Edinburgh in the Age of Reason*, Edinburgh U. P., 1967, p.9.
（10） Mossner, op. cit., p.37.
（11） Ibid., p.49.
（12） Ibid., pp.41–42.
（13） Ibid., pp.48–49.
（14） J. Y. T. Greig ed., *The Letters of David Hume*, Oxford: Clarendon Press, 1932, vol. 1, pp.13–14.
（15） Ibid., p.19.
（16） Cf. Mossner, op. cit., p.97, n.1.
（17） Mossner, ibid., p.108.
（18） Ibid., p.106.

(19) Cf. Mossner, ibid., p.138.
(20)『アーチバルド・ステュアート氏の行動と行ないについての真説』（*A True Account of the Behaviour and Conduct of Archibald Stewart, Esq.*, reprinted in J. V. Price, *The Ironic Hume*, Thoemmes, 1992)。
(21) *The Letters of David Hume*, op. cit., pp.133-138.
(22) Mossner, op. cit., p.229.
(23) Ibid., p.220.
(24) Ibid., p.240.
(25) Cf. Mossner, ibid., pp.244-245.
(26) Cf. Daiches, op. cit., p.36.
(27) Mossner, op. cit., pp.272ff.
(28) Cf. Daiches, op. cit., pp.37-38.
(29) Mossner, op. cit., p.248. アダム・スミスと同郷の人物。有能な役人で、政治・経済に通じていた。哲学者のジェームズ・オズワルド（1703-93）とは別人。
(30) Ibid., p.249.
(31) Cf. ibid., pp.251ff.
(32) Ibid., p.388.
(33) Ibid., p.297.
(34) Ibid., p.395.
(35) Ibid., p.403.
(36) 一七六四年四月二十六日付、ヒュー・ブレア宛書簡（*The Letters of David Hume*, p.436)。

(37) 一七六四年九月二十二日付ギルバート・エリオット宛書簡（ibid., p.467）。
(38) Mossner, op. cit., p.409.
(39) Cf. *The Letters of David Hume*, op. cit., p.254.
(40) T. H. Green & T. H. Grose eds., *The Philosophical Works of David Hume*, vol.4, pp.461–464.
(41) Mossner, op. cit., pp.375–376.
(42) Green & Grose eds., op. cit., pp.415–424.
(43) J. H. Burton, op. cit., vol.2, pp.85ff.; Mossner, op. cit., pp.414ff.
(44) *Discours politiques de M. David Hume*, Amsterdam; Paris, Lambert, 1754.
(45) *Œuvres philosophiques de M. D. Hume*, trad. De H.-B. Mérian, J.-B.-R. Robinet et Mlle de la Chaux [et peut-être Voltaire], 5 vol., Amsterdam, J. H. Schneider, 1758–60.
(46) *Histoire de la Maison de Stuart, sur le Trône d'Angleterre, par M. Hume*, 2 vol., Londre [Paris], 1760. 仏訳者は有名な小説家で英国びいきのアベイ・プレイヴォウ（Abbé Prévost）であった。
(47) *Histoire de la Maison de Tudor, sur le Trône d'Angleterre, par M. David Hume*, traduite de l'anglois, Par Mme B***, 2 vol., Londre [Paris], 1763. [Traduction de Octavie Guichard, Mme Belot.]
(48) Mossner, op. cit., p.450.
(49) Mossner, ibid., p.451.
(50) Mossner, ibid., pp.425–426.
(51) Mossner, ibid., p.477.
(52) John Hill Burton, *Life and Correspondence of David Hume*, vol.2, reprinted 1969, p.220.「私はこの逸話をあるフランスの本で見たが、どこだったか覚えていない」（バートンの脚注）。ケンプ・スミ

スもこの話を引用している（Norman Kemp Smith's introduction to David Hume: *Dialogues Concerning Natural Religion*, Bobbs-Merrill, no date, pp.37-38）。

(53) ヒュームとの交友については、Mossner, op. cit., pp.501-503を参照。ヒュームとスターンとの交友に気づかせてくれたのは、大阪市立大学の山崎弘之教授［当時］である。

(54) ヒュームは自分がアイルランドで「好ましからぬ人物」と見られていることを知る。この間の事情については、Mossner, op. cit., pp.494-496を見よ。

(55) ルソーに対するヒュームの第一印象については、一七六五年十二月二十八日付ヒュー・ブレア師宛書簡 *The Letters of David Hume*, op. cit., p.530を参照。

(56) Mossner, op. cit., p.515.

(57)『ヒューム氏とルソー氏との間の論争の簡潔にして真正なる説明』（*A Concise and Genuine Account of the Dispute between Mr. Hume and Mr. Rousseau*）。

(58) Mossner, op. cit., p.532.

(59) Mossner, ibid., p.560. *The Letters of David Hume*, op. cit., vol. 2, p.208.

(60) Mossner, ibid., p.563. この逸話の出所は、*Caldwell papers*, part II, vol. II, 177, n.1である。

(61) Burton, op. cit., vol.2, p.436, n.1. Cf. Mossner, ibid., p.566.

(62) 啓蒙の時代についての啓発的な議論として、神野慧一郎『イデアの哲学史――啓蒙・言語・歴史認識』（ミネルヴァ書房、二〇一一年）を参照。

第二部

ヒュームの読み方

——ヒュームの因果論と懐疑論——

はじめに――ヒュームのレッテル

現代英国の哲学者サイモン・ブラックバーン（Simon Blackburn: 1944-）は、本書の第二部と同じタイトルの『ヒュームの読み方』（*How to Read Hume*, Granta Books, 2008）という本の序論で、「ヒュームは最も偉大なイギリスの哲学者である。しかし、彼はまた最も不可解な哲学者でもある。この小冊子で私が望んでいることは、どのようにしてこれら両方のことが真でありうるのかを読者が理解するための助けになることである」と言った。ヒュームの読み方は直截ではない。

実際、これまでヒュームは様々なレッテルを貼られてきた。カントを独断のまどろみから覚めさせただけの単なる懐疑論者として、その後は、あるときは実証主義者として、あるときは自然主義者として、そして最近では、因果実在論者というように。人はレッテルを貼り、それを引き出しにしまい込んで安心する。おそらく、ヒュームはこれからも様々なレッテルを貼られるであろう。そのような事実は、ヒュームがいかに多才であったかを示しているとも言えよう。

われわれは以下で、『本性論』の第一巻を中心にヒューム哲学を見ていくことにする。すでに述べたように、ヒュームは後年この著作が無視されるように望んだが、哲学的な原理に関しては変わりのないことを認めている。われわれはむしろ、『本性論』においてこそ、ヒュームの思考の結果ではなく、ヒュームの思考の経過を読み取ることができると思われる。ヒュームは知覚という狭い領域から出発し、他者へ、そして社会へとその領域を広げてゆく。心から社会へという進路は現代哲学においても最重要課題である。ヒュームはその道をすでに歩んでいた。

一　ヒュームの「観念説」と人間の自然本性

ヒュームの関心は「人間の自然本性」である。「人間の自然本性」とは「ヒューマン・ネイチャー」の訳である。そして、「ヒューマン・ネイチャー」とは、人間一般にあまねく備わっている諸特性のことである。今日では、「ネイチャー（自然）」と言えば、物理的な自然が思い浮かべられるかもしれない。しかし、物理的な自然やその学問（物理学）はヒュームの関心事ではなかった。この点で、ヒュームは、先達とされるデカルトやロック、バークリーとは大いに関心を異にする。彼らが人間的自然に関心がなかった、ということではない。なるほど、彼らも人間の知識の範囲や限界に並々ならぬ関心をもっていた。しかし、彼らは人間を含む自然そのものに関心をもっていた。彼らは、人間の心と外界との間に仮設された「観念」（Ideas）に注意を向けた。われわれは観念によって外界についての情報を得る、というのが彼らの共通理解であった。これが「観念説」（Theory of Ideas）と呼ばれる枠組みである。元来、「観念説」は人間の科学的知識を説明するための仮設であった。

ヒュームの観念説——印象と観念

しかし、ヒュームの関心は外界にはない。ヒュームは人間の自然本性に関心を限定した。言い換えれば、観念の外側の世界にヒュームは関心をもたない。ヒュームの関心の的は物理的自然ではなく、人間的自然、つまり、人間の自然本性である。ヒュームは観念説の枠組みを用いて、人間の自然本性そのものを解明しようとするのである。それゆえ、ヒュームの観念説は以前と同じではありえない。ヒュームは、心に登場するものを「観念」という語で一括するのではなく、それを「知覚」と呼び、さらに、それを「印象」(impressions) と「観念」(ideas) に区分した。印象とは、初めて心に現われる生き生きした知覚であり、それが記憶・想像において再現されたものが観念である。ヒュームは、人間の心の成員ないしメンバーである知覚から始めて、社会の成員である人間の解明へと至る体系を企てる。それはまた、伝統的な見解に抗して、理性のダウン・グレード (降格) と情念のアップ・グレード (昇格) の過程でもあった。それが『本性論』の射程である。

ヒュームは『本性論』の副題で、彼の目標を「実験的推理方法を精神上の主題に適用する試み」(An Attempt to introduce the experimental method of reasoning into moral subjects) と表現した。「精神上の主題」(moral subjects) とは、論理・道徳・政治・文芸批評に及ぶ。「序論」では、すべての学問が多かれ少なかれ人間の自然本性に関係していること、それゆえ、人間の自然本性の原理を「経験と観察」に基づいて説明することが諸学を堅固な基礎の上に築くことになる、と言われる。ヒュームはニュートンの自然学に匹敵するような「人間学」の構築を目指したのであり、その方法が「経験と観察」に基づく「実験的推理方法」である。まず、われわれはヒュームの「論理」から見ていくことにしよう。

ヒュームの「論理」――人間の学の「第一原理」

ヒュームが「論理」と呼ぶのは、『本性論』で言えば、第一巻の「知性について」と第二巻の「情念について」の部分に相当する、いわば人間学の基礎的な部分である。ヒュームは『本性論』の「告示」で、「〈知性〉と〈情念〉という主題はそれらだけで完結した一連の論究をなしている」と述べている。すでに述べたように、心の知覚は印象と観念に区分される。印象と観念の相違は明らかであるが、程度の相違であるとされる。印象と観念との間には対応がある。しかし、これは無制限には成立しない。われわれは対応する印象のない観念（たとえば、ペガサスの観念）をもちうるし、観念として完全には記憶、再現されない印象（たとえば、パリの印象）がありうる。そこでヒュームは、知覚を単純なものと複雑なものにわけて、〈単純観念はすべて単純印象に由来し、その写しである〉という原則を立てる（T 1.1.1.7; SBN 4）。生まれつき目の見えない人は色の観念をもたない。観念は印象に因果的に依存している。ヒュームはこれを人間の学の「第一原理」であると言う。『知性研究』では、この原理はむしろ排除の原理として用いられ、対応する単純印象をもたない観念が無意味であることを示すために用いられる。ヒュームはまた、ロックと同様に、感覚と内省を区分する。ただし、ロックは内省によって、心的作用（意志することや信じること）の知覚を意味したが、ヒュームの場合、それは快・苦の観念を原因とする情念ないし情緒（希望や恐れ）のことである。

ヒュームは、単純印象のない単純観念がありうることを認めた。私が青色のスペクトルのなかで或る色合いをかつて知覚したことがないとしても、私はそのスペクトルの欠落に気づき、容易にそれを補ってその色合いの観念をもつことができる、と。しかしヒュームは、これは例外中の例外であるとして、先の一般原則を固持した（T 1.1.1.10; SBN 5–6）。

このことは、ヒュームの第一原理が単に経験的な一般化ではなかったことを示唆していると解されるかもしれない。しかし、必ずしもそうではない。ニュートンは「哲学するための規則」第四で、次のように述べている。「実験哲学においては、現象から帰納によって推論された命題は、それに反対するどのような仮説があっても、他の現象がそれらの命題をもっと正確にするか、または例外とするようになるまでは、正確にまたはほとんど真なるものと見なされるべきである」と。ヒュームはここでニュートンの方法論に従っているだけであるとも考えられよう。あるいは、ブラックバーンの示唆するところでは、ヒュームが反例を無視するのは、ヒュームが第一原理（ブラックバーンは「派生原理」と呼ぶ）を用いてやりたいと思っている大物狩りに比べれば、それがつまらないものだからである。欠けた色合いの場合、観念が印象に先立つが、それは、どのような印象が対応するかを主体は想像することができるからである。想像が経験を補填する。この場合、想像することが経験に先立つが、どのようにして経験が追いつくかを主体は知っている。しかし、ヒュームが関心をもっているのは、経験が追いつき得ないような観念である。それらは、たとえば、必然的結合であり、自我や実体の観念である。ブラックバーンは、印象が観念に時間的に先立つということは重要ではないし、ヒュームが整合的であるためには、時間的先行関係を重視すべきではない、と論じている(1)。

観念と印象——心と世界

ヒュームは、印象と観念の相違を知覚に内在的な生気の程度の相違とするが、それはヒューム劇場の表舞台の話であって、区別そのものは単なる生気の程度の相違には尽きないものがある。印象と観念の間には因果関係だけではなく、表現ないし表象関係が存在する。観念は印象を表現する。印象は生起する知覚（心的出来事）そのものであり、何かを表現するものではない。感覚に限って言えば、印象と観念の関係は、外的事物と知覚との関係を心のなかで対応させたものと言える。印象のもつ活気は、われわれが実在と見なすものの範囲を決定し、いわば実在感の源泉である。ヒュームはこのような装置でもって外的事物に関する信念を表現することができることになる。

観念連合——心のセメント

ヒュームは記憶の観念と想像の観念を区別する（第三節）。前者は後者に比べてより生き生きしているというのが第一の相違であり、第二には、記憶は元の印象の順序と形を保持するが、想像にはそのような制約はない、ということである。想像力はヒュームにおいて重要な役割を果たしている。それは分離の能力でもあるし、結合の能力でもある。想像力は、観念間に相違を見出すと、それらを分離することができる。このことから、ヒュームがしばしば引き合いに出す原理が出てくる。すなわち、異なる知覚は区別可能であり、区別可能な知覚は想像力によって分離できる、という原理である（T 1.1.7.3; SBN 18）。他方、想像力は自由に観念を組み合わせてさまざまな複雑観念を作ることができる。

しかし、そこにも規則性がある。つまり、或る観念が別の観念を自然に導くような性質がある。心が或る観念から別の観念へ移るように仕向けるのは、観念間の類似、時間空間的近接、および因果の関係である（第四節）。ヒュームはこれを「一種の引力」にたとえる。精神学のニュートンたらんとするヒュームの意気込みが窺える所である。『摘要』でもこの点は大いに強調されており、「われわれにとって、宇宙のセメントである」と言われている。

複雑観念――関係、実体、様相

複雑観念は観念連合の結果として説明される。ヒュームはロックにならって複雑観念を関係、実体、様相に区分する。関係は自然的関係と哲学的関係に分けられる（第五節）。前者は、すでに見たように、観念連合によって二つの観念が想像において結びつけられる場合であり、後者は、そうした接合原理なしに、二つの観念が恣意的に比較される場合である。ここで「哲学的」とは「学問的」ないし「論理的」と言い換えられてよいであろう。後者は、類似・同一性・時空的関係・量または数・質の程度・反対・因果の七つである。

実体の観念は、感覚の印象に由来するものでもなければ、内省の印象に由来するものでもない。それは、想像力によって接合された単純観念の集まりに他ならない（第六節）。抽象観念はない、とする点でヒュームはバークリーに従う。「すべての一般観念は一定の名辞に結びつけられた特殊観念に他ならない」（T 1.1.7.1; SBN 17）。観念そのものは特殊であっても、さまざまな特殊観念を代表する点で一般的なものとなりうる。ヒュームは心の抽象作用を説明するのにも観念連合を引き合いに出す。われわれはいくつかの個物の間に類似を見出すと、それらに同じ名前を与えるようになる。そうした習慣を獲得すると、その名前を聞けばわれわれはそうした個物の一つを思い浮かべる。「三角形」と聞けば、特定の二等辺三角形を思い浮かべるが、機に応じて、正三角形や不等辺三角形をも思い浮かべるようになる。こうして、「三角形の三つの角はすべて等しい」という命題の偽であることがただちに分かる（第七節）。

知識と蓋然性：「ヒュームのフォーク」

ヒュームは第三部で、哲学的関係を二つに分ける。類似・反対・質の程度・量または数の四つは、われわれが比較する観念にもっぱら依存する関係であり、「知識」（Knowledge）を与える（第三部・第一節）。類似・反対・質の程度は直観的知識を、量または数は論証的知識を与える。たとえば、「円は四角ではない」は直観的知識であるが、「三角形の内角の和は二直角である」は、証明を要するので、論証的知識である、他方、残りの三つのうち、同一性・時空的関係は知覚判断に属し、因果は因果推理に属する。これらは「蓋然性」（Probability）と呼ばれる。『知性研究』第四節では、ヒュームは関係の区分を引き合いに出さずに、われわれの探究の対象を「観念間の関係」（Relations of Ideas）と「事実」（Matters of Fact）に二分している。前者は直観的・論証的に確実であり、その否定は矛盾を含むが、事実に属する命題の否定は矛盾を含まない。この二分法は、しばしば、「ヒュームのフォーク」

と呼ばれている。

空間と時間

『本性論』では、第一部と第三部との間に、時間・空間論が第二部として介在している。これは『知性研究』ではほとんど省かれている部分である。そこで問題となっているのは、時間・空間の無限分割可能性である。ヒュームは、無限分割可能なものは無限数の部分をもたねばならないという理由から時間空間の無限分割可能性を否定する。分割不可能な最小点がなければならない。そのような最小点は延長をもちえない。延長（拡がり）をもてば部分をもつだろうからである。しかし、それは知覚されうるのであるから、色をもつ（可視的である）か可触的である。では、延長のない部分からどうして延長が構成されうるのか。ヒュームの答えは、延長の観念は延長のない可感的な点の配置の様式だ、というものであった。

存在の観念

ヒュームは第二部の最後（第六節）で、存在および外的存在の観念に論及している。ヒュームによれば、対象の存在の観念は、その対象の観念に加えられる何か別個の観念ではない。対象Aを単に思い抱くことと、それが存在すると思い抱くことは同じである、とヒュームは言う（T 1.2.6.4; SBN 66–67）。外的存在の観念も同様である。心に現われるのは知覚のみであり、外的対象がわれわれに知られるようになるのは、外的対象が引き起こす知覚によってのみである、とヒュームは言う。それゆえ、観念は印象に由来する以上、われわれは知覚とは種的に異なる外的対象の観念を形成することはできない。ヒュームは外的対象の観念について、さらに第四部・第二節で扱うことになる。

二　因果論の構造

因果関係と必然的結合

さて、第三部では、ヒュームが哲学史上最も評価される因果性の問題が扱われている。すでに見たように、ヒュームはわれわれの探究の対象を知識と蓋然性に二分したが、蓋然性の大部分は事実に関する推理から成る。事実に関する推理はすべて因果関係に基づいており、その関係によってのみわれわれは記憶と感覚の明証を越えて進むことができる。ヒュームは問題を原因の観念の起源となる印象を求めるという形で始めている（第二節）。まず見出されるのは、原因が結果に空間的に近接し時間的に先行するという二つの関係である。しかし、これらだけでは十分ではない。出来事AがBと近接し、かつBより先行するのに、AがBの原因ではないと考えられる場合があるからである。第三の関係として、原因と結果との間には「必然的結合」（necessary connexion）があると考えられている。それは何に由来するのであろうか。それは事物の既知の性質のなかにも事物の関係のなかにも見出されない。そこでヒュームは、必然性の観念の検討をいったん中断して、その解明に示唆を与える二つの問いを提起する（T 1.3.2.14-15: SBN 78）。

Q1　存在し始めるものはすべて存在の原因を必然的にもつと言われるのはなぜか。
Q2a　或る特定の原因は或る特定の結果を必然的にもつと言われるのはなぜか。
Q2b　前者から後者へとなされる推論の本性、およびそうした推論に置かれる信念の本性は何か。

普遍的因果原理

まずヒュームは、Q1の普遍的因果原理が直観的にも論証的にも真なる命題ではないことを指摘する（第三節）。原因と結果の観念は別個であり、分離可能であるから、原因の観念を存在の始まりの観念から分離することは可能であり、原因のない出来事という観念は矛盾を含まない。妻のいない夫はいないように、原因のない結果はないと言われるかもしれない。しかし、妻のいない男がいるように、原因のない出来事は可能である。因果原理は直観的な真理でもなければ論証的な真理でもない。しかし、それはその原理の否定が真であることを意味しない。実際、ヒュームはその原理の真理を否定していない。一七五四年のジョン・ステュアート宛と推定される手紙でヒュームは次のように述べている。

しかし、貴兄に是非申し上げたいのですが、何らかのものが原因なしに生じうるというような不合理な命題を私は決して断言しませんでした。私が主張しましたのはただ、この命題が偽であるというわれわれの確信は直観からも論証からもくるのではなくて別の源泉からくる、ということなのです。(2)

普遍的因果原理は知識に由来するものではなく、「観察と経験」に由来する。では、経験はどのようにしてその原理を生むのか。ここでヒュームはQ２（因果の斉一性）へと話を移す。そして、同じ答えがＱ２ａとＱ２ｂの両方の問いに対して役立つだろうと言う（T 1.3.4.9; SBN 82）。これ以降のヒュームの議論は、事実として因果推論を生じさせる条件は何かという問いをめぐって進む。つまり、因果推論および因果信念のメカニズムを解明することが必然性の観念の解明につながる、ということである。これからも見るように、ヒュームの議論は、観念の根拠を問う「根拠問題」から、その発生を説明する「事実問題」へと移行する。

因果推論のメカニズム

ヒュームは、因果推論を構成する三つの要素を挙げる（第四節）。第一は、現前する印象（たとえば、目の前の火）、第二は、そのような印象から観念（たとえば、熱さ）への推論であり、第三は、件の印象と関係づけられた、活気ある観念、すなわち「この火は熱い」という信念である（第五節）。そしてヒュームは、新たな関係として、原因と結果の間の「恒常的連接」（constant conjunction）を見出す。これは、「似通った諸対象が近接と継起の似通った関係のうちにこれまでつねに置かれてきた」という関係を指す（第六節）。しかし、これとても必然的結合の観念を与えるものではないとして、ヒュームはその検討をさらに先に延ばし、恒常的連接についての過去の経験に基づく因果推論は理性によるのかどうかという問い（根拠問題）に向かう。

自然の斉一性の原理：因果推論は理性によらない。

もし因果推論が理性によるとすれば、それは自然の斉一性（あるいは一様性）の原理に基づかねばならない。つまり、「経験されたことのない事例は経験されたことのある事例に類似していなくてはならず、自然の過程はつねに斉一的に同じであり続ける、という原理」（T 1.3.6.4: SBN 89）のことである。これまで観察された火はすべて熱かったという過去の経験から、目の前の火も熱いと論理的に推論するためには、過去に観察された規則性は未来においても成立するであろうという斉一性の原理が前提されねばならない。しかし、斉一性の原理の証明は知識か蓋然性かのいずれかに拠らねばならない。ところが、斉一性の原理は、それを否定しても矛盾ではないから、論証的に真なる命題ではない。他方、蓋然的議論がその原理を証明することはできない。なぜなら、蓋然的な議論はすべて斉一性の原理に基づいており、蓋然的な議論は、循環に陥ることなしには、斉一性の原理を証明できない。それゆえ、因果推論は理性によるものではない、とヒュームは結論する。ここでのヒュームの議論は、今日しばしば「帰納の問題」を提起したものとして引き合いに出されるが、けっして懐疑的な議論ではない。これが懐疑的に見えるとすれば、理性的（あるいは演繹的）なものだけが合理的なものであるというテーゼを読み込んでいるからである。このテーゼがトートロジーであるというのであればともかく、そうでないとすれば、それを否定するだけの理由がある。ヒュームはそれを示している。

観念連合と因果信念

それでは、因果推論は何によるのか。ヒュームの説明は二つの部分から成る。一つは、想像力による観念連合の理論であり、もう一つは、信念についての理論である。われわれは或る対象A、Bの恒常的連接の経験により、Aなる印象の現前からBなる観念を形成するように仕向けられる。その際、Aなる印象の活気がBに伝えられ、Bなる観念は単に思い抱かれるだけではなく、活気ある仕方で思い抱かれる。つまり、われわれはAはBの原因であるという信念をもつようになるのである。信念とは、現在印象と関係づけられた生き生きした観念に他ならないからである（T 1.3.7.5; SBN 96）。

確証と蓋然性

ヒュームはここまで人間の探究対象を「知識」と「蓋然性」に二分してきたが、多くの因果推論が蓋然性の域を超えて確実であることに注意を向ける。太陽は明日も昇るとか、すべての人は死ぬとかいうことが単に蓋然的であると言えば、奇妙に思われるであろう。そこでヒュームは、広義の蓋然性のうちで、疑いや不確実から免れているものを「確証」(proof) と呼び、狭義の「蓋然性」から区別することを提案する（第一一節）。そして、ヒュームは狭義の蓋然性を「偶運による蓋然性」(the probability of chances) と「原因による蓋然性」(the probability of causes) に分けて、それぞれの心理的メカニズムを分析している。厳密には、この世に「偶運」なるものはない。「偶運」とは原因の否定だからである。しかし、原因に対する無知というものはあり、それがさまざまな蓋然的信念を生む。

たとえば、サイコロを投げるとき、どの面が上を向くにせよ、それぞれは等しい可能性をアプリオリにもつと考えられる。これが偶運による蓋然性である。もしサイコロの六つの面のうち五つの面が一の目であり、残りのひとつの面が六の目であるとすれば、サイコロを投げたとき、一の目が出ることの方がはるかに蓋然的だとわれわれは思うであろう。他方、原因による蓋然性は、過去のデータに基づくアポステリオリな蓋然性である。これまで百艘の船が出航し、九十艘の船が無事に帰港したとすれば、次に出港した十艘の船のうち九艘は無事に戻るであろうという信念が形成される。『知性研究』では触れられていないが、ヒュームは「類比から生じる第三の種の蓋然性」についても語っている（第一二節）。この場合、現在の事例と過去のデータとの間の類比が完璧であれば、推論は決定的であるが、類比が完璧でなければ、その分だけ、推論は決定的ではない。ヒュームは、以上の「哲学的蓋然性」とは別に、「非哲学的蓋然性」（unphilosophical probability）についても言及しており、記憶印象の生気や推論の長さなどが信念に及ぼす影響について論じられている（第一三節）。蓋然性についてのヒュームの見解は、あとで見るように、ヒュームの奇蹟論とも深く関わっている。

必然的結合は対象のうちではなく心のうちにある。

こうして、因果推論の本性を解明した後、ヒュームは必然的結合の問題にもどる（第一四節）。恒常的連接は対象のうちに何ら新しいものを生みはしない。しかし、十分な数の恒常的連接の経験ないし観察は、心のうちに新しい印象を生む。「必然性とは、従って、この観察の結果であり、心の内的印象、即ちわれわれの思惟を或る対象から別の対象へ運ぶ決定に他ならない」（T 1.3.14.20; SBN 165）。

ヒュームはこのあとで原因の「定義」を二つ与える。それらは「同じ対象の異なった眺め」であり、一方の（D1）は（対象のうちに客観的に存在する）「哲学的関係」としてであり、他方の（D2）は（心のうちに観念連合を生む）「自然的関係」として捉えられたものである（T 1.3.14.35; SBN 172）。

（D1）原因とは、別の対象乙に先行し且つそれと近接する対象甲であり、その際、甲に似た一切の対象が、乙に似た対象と先行及び近接の似かよった関係に置かれる。

（D2）原因とは、別の対象乙に先行し且つそれと近接する対象甲であり、甲は乙と次のような仕方で結合している。即ち一方の観念が他方の観念を形成するよう心を決定したり、一方の印象が他方のより生気ある観念を形成するよう心を決定する。

以上が『本性論』でのヒュームの因果論の概略である。『知性研究』第七節では、関係の区分に言及しないで二つの「定義」が挙げられている。ただし、（D1）のあとで「言い換えれば、その際、第一の対象［甲］が存在しなかったとすれば、第二の対象［乙］も存在しなかったであろう」という反事実的な規定が加えられている（EHU 7.2.29; SBN 77）。これらの「定義」をめぐってさまざまな議論があるが、ここではそれらに立ち入る余裕はない。しかし、重要なことは、（D1）だけでは、「われわれにとっての因果」には十分でない、ということである。現代の科学哲学では、（D1）すなわち規則性をもって因果の十分条件とする因果論を「ヒューム的因果説」と称するが、それは「ヒュームの因果説」ではない。ヒュームが問題にしたのは、自然における因果ではなく、人間の自然本性に

おける因果信念の身分である。(3)

ヒュームの「方法論」

とはいえ、ヒュームはその因果論をここで終わりにしているのではない。ヒュームの因果論は、ヒューム自身が企てる人間学の根幹に関わりを持つ。人間学そのものが因果的探求だからである。それゆえ、何を本当の因果関係と見なすかは、ヒュームにとって最重要の問題である。ヒュームによる原因の二つの定義は、われわれが因果信念をもつのはいかなる条件のもとにおいてか、という「事実問題」に答えるものであった。しかし、それだけでは人間学そのものを構築するためには十分ではない。ここでヒュームは議論を「方法論」のレベルに移す。ヒュームは、第一五節で、「原因と結果を判定するための規則」を八つ挙げている。初めの三つの規則でヒュームは、原因と結果の時空的近接、原因の時間的先行、原因と結果の恒常的連接という周知の関係を挙げる。そして、第四の規則として、「同じ原因はつねに同じ結果を生み、同じ結果は同じ原因から以外はけっして生じない」という強い規則を立てる。すでに見たように、この規則は、根拠問題としては、知識によっても蓋然性によっても証明されえないものであった。しかし、このことは、ヒュームがこれを方法論的レベルにおいて採用することを妨げるものではない。ヒュームは八つの規則を述べた後で、「おそらくは、これさえも大して必要ではなかったのであり、われわれの知性の自然的原理によって補われることもできたはずである」と言う（T 1.3.15.11; SBN 175）。「知性の自然的原理」を反省した結果が「原因と結果について判定するための規則」であり、ヒュームはこれを規範的な方法論的原理として採用する。それは、心理的なレベルで最も蓋然的な行程を、方法論的なレベルで従うべき規則として採用することである。ヒュームにとっては、方法論さえも洗練された習慣に他ならない。

三　懐疑論の射程――哲学の自然史

第四部は「懐疑的およびその他の哲学体系」と題されている。第四部は、第三部の因果論と第二巻の情念論とをつなぐ重要な位置にある。第七節の結論部でヒュームは、以上で精神界および自然界の両方についてのさまざまな哲学体系を検討しおえたこと、そして、その過程で触れた話題は、先立つ部分を例示し、確認するか、あるいは、あとに続く見解への準備をなすものである、と述べている。つまり、第四部は、先に因果推論の解明に用いられた想像力による観念連合の原理がさまざまな哲学体系の成立をも解明しうることを示し、それと同時に、その同じ原理が、第二巻で論じられる人間の情念を解明する準備の役割を果たしていると考えられるのである(4)。

メタ懐疑論

人間本性のいかなる働きが懐疑論や哲学的難問を生み出すのか。ヒュームの意図は明らかであり、彼はここで懐疑のための懐疑を展開しているのではない。それはむしろメタ懐疑論である。対象となる懐疑論のターゲットから言えば、第四部は、第一節の理性に対する懐疑論から始まり、第二節から

第四節までの物体に対する懐疑論、第五・六節は精神に対する懐疑論から成ると言うことができる。[5]

第一節では、理性が単独で働けば、論証的であれ、蓋然的であれ、推理に基づく一切の信念の蓋然性は無に帰する、と論じられる。ヒュームはこのような懐疑論を展開する意図を明らかにしている。それは、次の仮説が真理であることを気づかせるためである。つまり、因果推論は習慣にのみ由来すること、そして、「信念とはわれわれの自然本性の認識的部分というよりも、感性的部分という方が適切である」という仮説である（T 1.4.1.8; SBN 183）。

外的事物の存在に対する信念

第二節の「感覚に関する懐疑論」では、外的事物の存在に対する信念が取り上げられる。その冒頭でヒュームは「いかなる原因によってわれわれは物体の存在を信じるようになるのか、と問うてもよい。しかし、物体があるのかないのか、と問うことは無駄である。この点は、われわれの論議の一切において当然のこととされねばならない」と言う（T 1.4.2.1; SBN 187）。ヒュームが論じたのは、外的物体の存在ではなく、その信念の解明である。物体が存在するということは、①物体は知覚されないときも存在し続けること、そして②物体はわれわれの知覚作用とは独立に、かつわれわれの外部に存在する、ということを意味する。ヒュームは①を物体の「連続存在」と呼び、②を「別個存在」と呼ぶ。物体の連続存在ひいてはその別個存在を信じる大衆は、知覚を唯一の対象と見なしている。ここで、知覚の連続存在という虚構が捏造される。ヒュームはこのメカニズムを知覚の「整合性」（変化の規則性）と「恒常性」（相対的な無変化）を引き合いに出して説明する。しかし、知覚の中断とその同一性は矛盾する。同一性とは、「時間の想定された変異を通して何らかの対象が不変かつ無中断であること」だからである。そこで哲学者は知覚と対象を区別し、後者にのみ連続存在を認める「二重存在説」を立てる。しかし、これもまた想像による虚構である。こうして、大衆の体系も哲学者の体系もいわば共倒れとなり、懐疑論だけが残る。ヒュームはこの節の最後で、懐疑的な気分を告白する。想像の取るに足らない性質が、偽なる想定に導かれて、どうして堅固で合理的なシステムに到達できようか、と彼は言う。このような懐疑は根本的には癒されえない病であり、「不注意と無頓着」(carelessness and in-attention) だけがわれわれを癒すことができる、とヒュームは言う（T 1.4.3.57; SBN 218）。多くの論者はこれが懐疑論へのヒュームの答えであると見た。しかし、そうではない。ヒュームの最終的な答えは第七節まで保留される。

信念の三つの段階——大衆の意見、偽なる哲学の意見、真なる哲学の意見

ヒュームは、第三節では古代哲学を取り上げ、第四節では現代哲学を取り上げている。古代哲学の説では、想像力がいかにして実体や偶有性という虚構を生むかについて論じられている。ここで注目すべきことは、ヒュームが信念の三つの段階に触れていることである。第一は「大衆の意見」、第二は「偽なる哲学の意見」、第三は「真なる哲学の意見」である。大衆は恒常的接合を必然性と混同する。哲学者はそのような混同をしないが、必然性を棄てきれず、「隠れた性質」というあらぬものを捏造する。真なる哲学の意見はむしろ大衆の意見に近い。しかし、大衆は愚かさによってその結論に達するのに、真なる哲学者は穏やかな懐疑論によって同じ境地に到達する、と言われる（T 1.4.3.10; SBN 224）。本書の第三部で見るように、ヒュームは宗教についても「偽なる宗教」と「真なる宗教」について語っている。もちろん、両者をすっかりパラレルに扱うことはできないが、大衆は不可視な力を信仰し、迷信に陥るが、宗教的な哲学者はそれにあらぬ属性（全知全能など）を帰属させることによって偽なる宗教に到達する。他方、真なる哲学者は穏やかな懐疑論によって真なる宗教に至るように思われる。これが『自然宗教に関する対話』でのヒュームのメッセージではないかと思われるが、それについては第三部で論じることにする。

第一性質と第二性質

第四節では、第一性質（延長と固性、形状、運動など）のみを実在であるとする現代哲学が批判されている。バークリーが論じたように、第二性質（色・音・味など）を欠く物体の観念は考えられない。そのことから、第二性質を取り去れば、この宇宙から物体はなくなる、とヒュームは結論する（T 1.4.4.15; SBN 231）。しかし、これもヒュームの最後の言葉ではない。実際、ヒュームは第一性質と第二性質の区別を受け入れている。『本性論』第三巻の冒頭でヒュームは、道徳判断が理性によらないと論じた後で、徳と悪徳とは、音や色などの第二性質に比せられ得ること、それらは、現代哲学によれば、対象の性質ではなく、心の知覚である、と述べているからである（T 3.1.1.26; SBN 469）。

魂と延長——心身問題

ここからヒュームは精神界へ話題を移す。第五節の「魂の非物質性について」では、今日心身問題と呼ばれるものが論じられている。ヒュームは実体という観念が不可解であることを論じた後で、すべての思考を延長と連結させる唯物論者と、すべての知覚を分割不可能な実体と連結させる神学者との間の議論を取り上げている。ヒュームによれば、延長をもつ知覚もあれば、そうでない知覚もある。それゆえ、すべての知覚が、延長するものとであれ延長しないものとであれ、場所的に連結できるわけではなく、両者の議論は共倒れとなる。さらにヒュームは、魂の非物質性を説く神学者の議論も、実体の単一性を主張するスピノザの議論も同じ困難を共有すると論じる。知覚（印象）について言えることが対象についても言えるとは限らないが、対象について言えることは知覚についても言える、とヒュームは言う（T 1.4.5.20; SBN 241）。それゆえ、物体は単一の実体に内属する変様であるとするスピノザの体系がもつ難点は、知覚が精神的実体に内属する変様であるとする神学者の体系にも当てはまるのでなければならない。しかし、心身間の連結の不可解さは、心身間の因果関係を否定するものではない。心の実体についての問いと、思考の原因についての問いは分離されねばならない。実際、身体運動と心の思考との間には恒常的連接が見出されるのであるから、両者の間には因果関係がありうるし、実際に存在するとヒュームは結論する。

人格（パースン）の同一性——劇場と共和国

第六節では「人格（パースン）の同一性」が論じられる。ヒュームは人格の同一性について、「われわれの思惟ないし想像に関わる」ものと、「われわれの情念ないしわれわれが自らに対して抱く関心に関わる」ものを区別し、前者が目下の主題である、と言う（T 1.4.6.5; SBN 253）。ヒュームは「人格」によってもっぱら「自我」を意味している。まず、恒常的かつ不変な自我という観念が否定される。もしそのような観念が存在するとすれば、それに対応する印象がなければならない。しかし、そのような印象はない。心とは「さまざまな知覚の束ないし集まり」であり、「いくつもの知覚が登場する一種の劇場」のようなものである（T 1.4.6.4; SBN 252-3）。では、何がそれら継起する知覚に同一性を帰属させるように仕向けるのか。言い換えれば、いかなる原因によってわれわれは自我の同一性を信じるようになるのか。心を構成する知覚は互いに別個であり分離可能である。それにもかかわらず、われわれはそれらに同一性を帰属させるのであるから、その同一性は想像力による虚構に他ならない。ヒュームはそれを記憶による類似と因果関係によって説明する。ここでもヒュームは自我の同一性を疑ってはいない。それは当然のこととして前提されている。ヒュームは「魂」を「共和国」にたとえる。同じ共和国がその成員や政体を変えうるように、同じ人格が「自らの同一性を失うことなく」その性格や気質を変えうる（T 1.4.6.19; SBN 261）。

ヒュームの「迷路」

しかし、ヒュームはほどなく以上の見解に不満を感じる。「付論」では、継起する知覚に同一性を帰属させるようにわれわれを仕向ける「結合原理」に関する説明には欠陥がある、と言われる。「要するに二つの原則があり、私はそれらを無矛盾なものにすることもできないし、またそれらのうちのいずれも否認できないのである。すなわち、一方は、われわれの別個の知覚はすべて別個の存在であるという原則であり、他方は、心は別個の存在の間には実在する結合を決して知覚しないという原則である」（T Appendix 21; SBN 636）。しかし、それら二つの原理は矛盾していないし、ヒュームは実際にそれらを用いてきたのである。そして、その後もヒュームはそれらのいずれかを捨てた様子はない。さらに言えば、ヒュームはこの告白によってさほど気落ちしていないように見える。ヒュームは第二巻で自己について語り続けているのである。

ブラックバーンは、「付論」でヒュームが動揺した理由について、一つの確定的な答えがあるということはなさそうに思われる、と言っている。彼はいくつかの思弁的推測を試みているが、いずれもヒュームの選択肢ではないとして退けている。それでも彼は、ヒュームがまったく異なるアプローチにぼんやりと気づいていた可能性を示唆している。それはカント的な自己概念である。つまり、経験的な概念ではなく、形式的ないし構造的な概念としての自己概念である。もちろん、ヒュームがこれを得るには「ヒュームの経験論を越えた跳躍」が必要であろう、とブラックバーンは言う[6]。

ヒュームの不満が何であったかについてはさまざまな解釈があるが、おそらくは観念連合による説明が自我の同一性に対する信念を説明するのに十分ではないとヒュームが感じた、という点にあったと思われる(7)。しかし、ヒューム自身が「情念に関する同一性は想像に関する同一性を強化するのに役立つ」と述べているように、人格の同一性の十全な説明は情念を考慮に入れて始めて可能になるものではなかったのか。ヒュームは第一巻では自他の区別を問題にしていない。第二巻の情念論こそ、ヒュームが他者へとその視点を拡大する契機であるが、ここではその準備がなされていなかったと言うべきではないだろうか。

「哲学的憂鬱や錯乱」――想像力の「アンチノミー」

ともあれ、ヒュームは以上で第四部を終えるが、最後に第七節として「本巻の結論」を述べる。ここでのヒュームの論述はもっぱら一人称の独白である。ヒュームは想像力の右往左往について語り始める。それは、カント風に言えば、(想像力の)アンチノミーである。因みに、ヒュームはカントと違って多くの心的能力を駆使しない。したがって、多くの機能が想像力に帰されることになり、酷使された想像力はオーバーワークにならざるをえない。ともあれ、これまでのところ、経験と観察という原理に従っても理性に従っても、行き着くところは誤謬か懐疑であった。これでは、哲学が哲学をするなと言っているようなものである。ヒュームは、このような「哲学的憂鬱や錯乱」から逃れようと、気晴らしへと向う。しかし、気晴らしは一時しのぎであり、知的好奇心は抑えきれない。そして、ヒュームは哲学を再開する。では、何が哲学へとヒュームを突き動かすのか。それは再びヒュームの懐疑論である。懐疑論的理性こそ、一方では、あらゆる探究を挫くが、他方では、すべての探究を推進する源でもある。ヒュームは「懐疑」（スケプシス）という言葉を原義（探究）に戻しているかのようである。

いや、もしわれわれが哲学者であるとすれば、それは懐疑的な原理にのみ基づいてそうであるべきであり、われわれがそのような仕方で身を処したいと感じる傾向性からそうであるべきなのだ。理性が生き生きしているとき、そしてそれがある傾向と交わるときそれは同意されるべきである。

（T 1.4.7. 11; SBN 270）

理性の活性化こそ探究を推進させる。信念なき理性は懐疑しかもたらさないし、理性なき信念は迷信でしかない。大衆は単に信じるのみであるが、哲学者は理性を用いる。しかし、信念なき哲学は偽なる哲学であり、真なる哲学は信念に支えられた理性でなければならない。ヒュームは、懐疑論にもかかわらず哲学をするのではなく、懐疑論を経たからこそ哲学をするのである。

おわりに――『本性論』と『知性研究』

以上で、『本性論』第一巻を中心にヒュームの議論の構造を見てきた。根拠問題と事実問題、そして方法論という三段階の構造は道徳論や宗教論においても明らかに見て取れる。ノーマン・ケンプ・スミスがつとに指摘したように、ヒュームの因果論と道徳論には密接な並行関係がある。社会を因果化する心と、社会を道徳化する心の働きには大きな類比がある。道徳論では、根拠問題として、道徳判断が理性によらないことを示して、それが事実問題として道徳感覚によるとヒュームは論じる。ヒユームの議論はそこに止まらない。第三の方法論のレベルがある。道徳判断は、判断者がもつかもしれない特有な視点を取り除いた客観的なものでなければならない。ヒュームは第三巻の第三部で、「或る確固とした一般的な観点」を定めるために、情感を訂正する規則の必要性を説く。これはアダム・スミスの「公平な観察者」に近い思想である。共感についてはすでに情念論でその役割が論じられていたが、道徳論においても重要な役割をもっている。一般的な観点は共感の働きを補助する役割を担っている。われわれは疎遠なものより身近なものにより強く共感しうるからである。それゆえ、道徳的情感を引き起こす因果的前件にいくつかの条件を課して、情感を訂正する規則が必要となる。これが一般的規則の役割である。ヒュームは因果判断の場合にもこうした一般的規則に言及していたのである。

『本性論』と『知性研究』

ヒュームは、『本性論』の第一巻を『知性研究』として書き直した。たしかに、彼の学説に細かな点での変化があるにせよ、根本的に重大な変更があったとは思われない。なるほど、観念連合や共感の扱いについて、『本性論』と『知性研究』の間には違いが見られる。『知性研究』では明らかに観念連合の出番は減少している。しかし、『本性論』は三巻から成る著作であるが、『知性研究』は独立の書物である。ヒュームはもはや体系としてのまとまりに気を使う必要はなかった。言い換えれば、観念連合は心のセメントであるだけではなく、『本性論』の三つの巻をつなぐセメントでもあったと言えるであろう。

ヒュームは、しかし、『本性論』ですべてを言い得たわけではなかった。すでに述べたように、当初ヒュームは、『本性論』に奇蹟論などの宗教論を含めるつもりであった。しかし、友人の勧めもあり、それらを削除した。それらの部分は『知性研究』の二つの節に収録された。ヒュームは『知性研究』に二つの論文を加えた。「奇蹟について」(第一〇節)と「特殊な摂理と来世について」(第一一節)の二編である。これら二つの節は、連続しているにもかかわらず、前者の奇蹟論だけが切り離されて注目されてきた。それは、前者が奇蹟という人の耳目を引くスキャンダラスな話題であったことも関係しているが、二つの節は提示の仕方がきわめて異なるという事実にもよる。前者は、ヒューム自身の論述であるが、後者は対話という形式をとっているからである。

奇蹟は啓示宗教に属する。啓示宗教は、神によって引き起こされたと考えられる出来事や神の言葉とされる聖典に基づいて、神の存在について論じる。他方、自然宗教とは、奇蹟や預言などの啓示に拠ることなく、自然的事実(自然の秩序など)に基づいて神の存在とその本性について論じる。ヒュームの時代に大きな影響力をもった理神論は、自然宗教を受け入れるが、啓示宗教を拒否した。理神論はこの意味で正当な有神論ではないが、無神論とは言えない。ヒュームは第一〇節で啓示宗教(奇蹟)を、第一一節で自然宗教(計画性からの論証)を批判する。さらに、計画性からの論証は、遺稿の『自然宗教に関する対話』においても批判されることになる。われわれは前者を第三部で、後者を第四部で扱うこととする。

注

（1）Blackburn, op. cit., pp.21-22.

（2）*The Letters of David Hume*, op. cit., vol.1, p.187.

（3）ヒュームを規則性論者としてではなく、因果実在論者としてみる一連の解釈は「ニュー・ヒューム」と呼ばれる。G・ストローソンはその代表者である（Galen Strawson, *The Secret Connexion: Causation, Realism, and David Hume*, Oxford: Clarendon Press, 1989）。このような解釈については、拙論「ヒュームにおける力能と必然性」、『人文研究』第四二巻・第三分冊、一九九〇年、二三一―四〇頁を参照。

（4）R・J・フォグランは第四部を「哲学の自然史」と名づけている（R. J. Fogelin, *Hume's Skepticism in the Treatise of Human Nature*, Routledge & Kegan Paul, 1985, pp.80ff.）。

（5）ヒュームの懐疑論についてのより詳しい議論としては、拙論「ヒュームの懐疑論――『人間本性論』I, iv, 6を中心に」『人文研究』第四九巻・第三分冊、一九九七年、四一―六〇頁を参照。

（6）Blackburn, op. cit., pp.52-53.

（7）これについて詳しくは、拙論「知覚、劇場、共和国――『人間本性論』I, iv, 6――」、『人文研究』第三五巻・第八分冊、一九八三年、一八―四一頁を参照。

第三部

奇蹟と蓋然性

――ヒュームの宗教哲学（一）――

はじめに――ヒュームと宗教

第一部で見たように、ボズウェルは一七七六年の七月七日に死期間近のヒュームを訪ねた。ボズウェルによれば、ヒュームは次のように述べたという。「私はロックやクラークを読み初めてからというもの、宗教においていかなる信念も抱いたことがありません」[1]。さらにボズウェルが、若い頃あなたは宗教的ではなかったのですかと尋ねると、宗教的であったとヒュームは答えたという。ヒュームはカルヴィニズムの宗教的伝統のなかで幼少期を過ごした[2]。ヒュームが宗教的信念を捨てたのは、彼がエディンバラ大学にいた頃か、あるいはその後間もなくであったと思われる[3]。ヒュームが大学在学中にロックやクラークを読んでいたかどうかは定かではないが、神の存在証明についてのロックやクラークの議論に対する疑問がヒュームに宗教的信念を失わせたということであろう。ヒュームは議論の人であり、モスナーの言葉を借りれば、「ヒュームは自らを理屈で説得して宗教を捨てた」のである[4]。

このことは、しかし、ヒュームにとって宗教が重要でなかったということではない。それどころか、宗教についての彼の思索は、『宗教の自然史』（以下、『自然史』と略記）はもちろんのこと、『本性論』から『イングランド史』に至るヒューム哲学のほとんどすべての部分に及んでいると言っても過言ではない。最初の著作『本性論』にはとくに宗教的な話題を取り上げた部や節はない。それは、しかし、ヒュームが友人の忠告や世間の反応を考慮して、そのような部分をあらかじめ削除したためである。

ヒュームは一七三七年の八月にフランスから英国に戻って、『本性論』の出版準備に取りかかった。彼はその年の十二月にヘンリー・ヒューム（ケイムズ卿）宛に次のように書いた。

> 無料郵便の手紙を持っておりますので、私はそれを使うことに決め、そこで、『奇蹟に関する論考』を同封することに決めました。これは、私が一度他のものといっしょに刊行することを考えたものですが、世間が現在のような状態であっても、あまりにも多く感情を害するのではないかと恐れたものです。……私は現在のところ私の著作を骨抜きにしています、つまり、そのより貴重な部分を削除しています。つまり、それができるだけ不快感を与えないように努めているのです。(5)

おそらくは、「魂の不死性について」の論考もこのときに省かれたと思われる。(6)「奇蹟について」は後に『知性研究』の第一〇節として公にされるが、「魂の不死性について」は、一度は一七五五年に公刊される企てもあったが、結局は取り下げられ、生前には公にはならなかった。

「無神論」の告発

このように「できるだけ不快感を与えないように」準備されたにもかかわらず、そして「印刷機から死産した」（『自伝』）にもかかわらず、『本性論』は無神論の告発を受けることになる。それは、一七四五年にヒュームがエディンバラ大学の教授職を求めたときである。その告発は以下の六項目にわたっていた。(7)

1. 普遍的懐疑論。
2. 原因と結果についての教説を否定することによって、全くの無神論に至る諸原理。
3. 神の存在と実在そのものに関する誤り。
4. 神が宇宙の第一原理であり、主たる動者であることに関する誤り。
5. 魂の非物質性を否定していること、そしてこの否定から出てくる諸帰結。
6. 正と不正、善と悪、正義と不正義の間の自然的および本質的相違を否定することによって、道徳の基礎を掘り崩したこと。その相違を単に人為的なものとし、人間の規約と契約から生じるものとしたこと。

ヒュームの懸命な自己弁護にもかかわらず、この告発はまったく的外れというわけではない。ヒュームがある種の懐疑論者であったことは明白であり、彼の因果概念は、存在の始まりの必然性を否定する点で、神の存在証明、とりわけ宇宙論的証明にとって好都合なものではなかった。さらに、対象の観念とは別個の存在の観念を認めない彼の存在概念もまた、神の本質が存在と不可分であるとする存在論的証明にとって不都合なものであった。そして、ヒュームの道徳論は、超自然的なものに一切訴えていないという意味で、宗教が道徳にとって不要であるというメッセージを伝えていると言える。『本性論』は正面切って宗教を論じてはいないが、その主張は「宗教に対して危険な帰結をもっている」と思われたのである。(8)

有神論と無神論

しかし、ヒュームを「無神論者」と呼ぶことは、ある意味では、正しくない。というのは、無神論者は神が存在しないと断定するが、以下でも見るように、ヒュームの懐疑論はそのような断定と（そして否定とも）両立しないからである。ヒュームは神が存在することを、少なくとも公には、断定も否定もしていない。それゆえ、宗教においていかなる信念も抱いたことがないという、ボズウェルの伝えたヒュームの言葉は文字どおり受け取ってよい。しかし、ヒュームは宗教についていかなる信念も抱いたことがないということにはならない。ヒュームは「有神論」（Theism）の仮借なき批判者でもあった。ここで有神論とは、宇宙の創造者である神が存在するという教説である。神とは「身体を持たない主体（つまり精神）であり、至る所に在り、宇宙の創造者であり維持者である、そして、自由な行為者であり、あらゆることを為すことができ（全能であり）、すべてのことを知っており、完全に善で、道徳的責務の源泉である、そして、不変、永遠、必然的な存在であり、神聖であって、崇拝に値する[9]」。ヒュームはこのような神が存在するという信念の合理的根拠を『知性研究』や『対話』で批判した。

有神論から見れば、懐疑論と無神論の区別はないという意味では、ヒュームは無神論者であった。しかし、ブラックバーンがいみじくも言ったように、「偉大な哲学者というものはラベル貼りを受け付けないという厄介な習性をもっているものである[10]」。われわれはヒュームが偉大な哲学者の一人であることを見出すことになる。

一　奇蹟論の背景

奇蹟論の起源

デイヴィッド・ヒュームが奇蹟論に取りかかったのは、『本性論』を執筆するためにフランスのラ・フレーシュに滞在していた一七三七年頃と推測される。[11] 当初ヒュームは奇蹟論を『本性論』に含めて公にするつもりであったが、世間の反応を考慮してとりやめた。それが日の目を見たのは、一七四八年のことであり、『知性研究』の第一〇節「奇蹟について」としてであった。

しかし、なぜヒュームは十一年後にそれを公にする気になったのであろうか。この間に、「世間」がそれほど寛容になったとは思われない。実際、自由思想家で理神論者であったピーター・アネットは一七六二年に冒瀆のかどで有罪判決を受けている。ケンプ・スミスの答えは直截である。ヒュームは『本性論』で得られなかった評判を欲したのである、と。[12] ヒュームの『自伝』(*My Own Life*) を読むと、この答えには一理あるように思われる。しかし、それだけが理由であろうか。J・O・ネルソンは「哲学的な理由」を探し求めているが、それは、ヒュームが最初の奇蹟論を『本性論』のどこに入れるつもりであったかという問題と絡んでいる。[13]

最初の奇蹟論と『知性研究』の第一〇節の議論がどの程度異なっているかについては、憶測の域を出ない。R・M・バーンズは、最初に書かれたのは第一部だけであると推測している。[14] ヒュームが『本性論』のどこに奇蹟論を入れるつもりであったかについても異なる見解がある。ネルソンは、込み入った推理を重ねた上、現在の奇蹟についての第一部と似た議論を『本性論』の第四部に入れるつもりであったと推測している[15]。他方、デイヴィッド・ウトゥンは、第三部の第一三節「非哲学的蓋然性について」の終わりであると示唆している[16]。ウトゥンによれば、ヒュームは『知性研究』では、かつてほど蓋然性の理論に関心を持たなくなり、奇蹟論を蓋然性の理論から切り離したいと考えた。なるほど、『知性研究』では、「蓋然性について」の第六節は『本性論』で対応する箇所（第一一—一二節）に比べて大いに切り詰められている。たしかに、ヒュームは連合心理学に対する関心を失っていったように思われる[17]。しかし、それは蓋然性の理論に対する関心の減退を意味しない。そのことを別にすると、奇蹟論が「非哲学的蓋然性について」の終わりに置かれたとするウトゥンの推測には一理ある。というのは、その節には奇蹟論との関連を窺わせる事例が見出されるからである。しかし、この節は奇蹟論が省かれたために挿入されたと見ることも出来る。実際、『本性論』と『知性研究』の章立てを比べれば、前者の第一一—一二節は後者の第六節に相当し、第一四節は第七節、第一六節は第九節に相当する。そして、『知性研究』では、第九節「動物の理性について」のあとに奇蹟論が置かれている。それゆえ、奇蹟論は『本性論』においても、同じく第一六節「動物の理性について」のあとに置かれたであろうと思われる。

啓示宗教と自然宗教

ともあれ、ヒュームの議論のなかでも奇蹟論ほど、この二五〇年の間に議論の的になってきた論考はない[18]。その意味では、奇蹟論はヒュームにとって成功だったとも言える。しかし、よかれ悪しかれ、その評判のために、奇蹟論はその文脈を考慮しないで一面的にのみ捉えられることが多かった。ヒュームの奇蹟論について論じる際、留意すべき二つの点がある。一つは、ヒュームの議論をその時代的背景のなかで正しく位置付けることであり、もうひとつは、その議論をヒューム哲学全体、とりわけ『知性研究』の文脈において正しく理解することである。本論文では、ヒュームの奇蹟論を、『知性研究』においてそれに先立つ部分から、とりわけ蓋然性の理論から検討する。しかし、ヒュームの奇蹟論は、その後の第一一節「特殊摂理と来世について」と関連づけて読まれる必要がある[19]。奇蹟は預言と並んで啓示宗教を支える支柱の一つであるが、第一一節で取り上げられているのは、神の存在の計画性からの論証であって、言うまでもなく、自然宗教の支柱である。ヒュームが『自然宗教に関する対話』においてこれをさらに展開したことは周知の通りである。両者はあいまって、ヒュームの宗教論を形成している。奇蹟論だけを切り離して論じることは、木を見て森を見ないことになろう。

奇蹟論の構成

第一〇節の議論は二部に分かれている。第一部でヒュームは、一方では、自然法則の侵犯としての奇蹟の証言と、他方ではその自然法則を支える経験の一様性とを秤にかけ、いかなる証言も、それの虚偽が奇蹟以上に奇蹟的であるのでなければ、奇蹟を確立することはできない、と結論している。そして、第二部では、奇蹟の証言に関する社会—心理学的考察によって、それらが信頼性の基準を満たしていないことを示しながら、人間の証言が奇蹟を確立することによって宗教の何らかの体系を基礎づけることはできない、と結論している。第一部は、奇蹟に反対するアプリオリな議論であり、第二部はアポステリオリな議論であるという分類が注釈家によってしばしば為されている。しかし、以下で論じられるように、ヒュームは第一部の議論で奇蹟をアプリオリに退けているのではないし、第二部の議論がすべてアポステリオリな考察によっているのでもない[20]。

二　ティロットソンの議論

パンとブドウ酒

第一部の冒頭でヒュームは、カンタベリーの大主教であったジョン・ティロットソンの議論を引き合いに出している。それはキリスト臨在（real presence）というカトリックの教説に反対する議論である。カトリックでは、聖体の秘蹟においてパンとブドウ酒が化体（transubstantiation）によってキリストの肉と血となり、現実に現前する（real presence）と信じられる。ヒュームはティロットソンの議論を次のように要約している。キリスト教の権威はキリストの奇蹟を目撃した使徒たちの証言に基づいている。つまり、それは感官の証拠に依拠している。しかし、その証拠は世代を経るごとに減少するので、われわれの持っている証拠は感官の証拠ほど強くない。「しかし、弱い方の証拠が強い方の証拠を破壊することはけっしてできない」（EHU 10.1.1; SBN 109）。したがって、キリスト臨在の教説は感官の証拠に反するゆえに、退けられねばならない。この議論についてヒュームは以下のように言う。

この種の決定的な議論ほど便利なものはない。それは少なくとも、最も傲慢な頑迷と迷信を沈黙させ、それらの厚かましい勧誘からわれわれを自由にするにちがいない。私は自分が同じような性質の議論を発見したと自負している。それは、もし正しければ、賢明で学識ある人々にあっては、あらゆる種類の迷信による欺きを永久に制止し、ひいては、この世が続く限り有益なものとなるであろう。(EHU 10.12; SBN 110)

フルーはここで、四つの点に注目すべきである、と言う。[21] 第一に、ヒュームの目的は「頑迷と迷信」からの防御に限定されている。第二に、それは単に「阻止する」ことであって、難攻不落の防御線を築くことではない。第三に、それは「賢明で学識ある人々」に向けられている。第四に、それは証言の証拠にだけ関わっている。[22] ヒュームが問題にしていることは、奇跡が起こったかどうかではなくて、奇跡が起こったという人間の証言であり、そのような証言に対する信念が、賢明な人の持つべき信念かどうか、言い換えれば、合理的な信念かどうか、ということである。

奇蹟と感覚経験

ティロットソンの議論は、奇蹟を信じるには感覚に拠らねばならないが、その同じ感覚が奇蹟を反証する、というディレンマをカトリックに突き付けているように思われる。ヒュームがティロットソンの議論を正確に伝えているかどうか、あるいは、ティロットソンの議論が正鵠を得ているかどうかについては、議論の余地がある。(23)しかし、ここでヒュームは、あたかもカトリックに反対するプロテスタントに与しているかのように装いながら、以下で展開される議論をあらかじめ示唆しているように思われる。(24)ヒュームの議論は、ティロットソンがカトリックの奇蹟に課したディレンマを、宗教的奇蹟一般に拡張したものであると思われる。すなわち、われわれが人間の証言を信頼するのは経験に拠るしかないが、その同じ経験が奇蹟の生起に反対することをヒュームは示そうとするのである。

三　蓋然性の原理

蓋然性の原理

第一部でのヒュームの議論は三つの部分に分けることができる。最初の部分でヒュームは蓋然性の一般的原理を述べている。それは以下の通りである。

（1）経験は事実に関する推理におけるわれわれの唯一の指針であるが、この指針はまったく不可謬というわけではない。（EHU 10.1.3; SBN 110）

（2）事実に関するわれわれの推理においては、最高度の確実性から最低度の種の精神的証拠（moral evidence）に至るまで、想像できる限りのすべての程度がある。（EHU 10.1.3; SBN 110）

（3）それゆえ、賢明な人は自らの信念を証拠とつり合わせる。（Ibid.）

（4）彼は対立する実経験を比較考量する。彼はどちらの側がより多くの数の実経験によって支持されているかを考察する。彼は、大きい方から小さい方を差し引いて、多い分の証拠の正確な力を知らなければならない。（Ibid.; SBN 111）

これらの原理は、ヒュームの因果論（因果推論の分析）からの帰結である。ヒュームは『知性研究』の第四節「知性の働きに関する懐疑的疑い」で、探究の対象を「観念間の関係」と「事実に属する事柄」に二分し、事実に関するすべての推論は原因と結果の関係に基づいていること、そして、この関係の知識は、アプリオリな推理によって得られるものではなく、個々の対象の恒常的連接の経験に専ら由来することを示した。それでは、経験からの推論は何に基づいているのか？　ヒュームは、第五節「これらの疑いに対する懐疑的解決」で、経験からの推測のすべては習慣の結果であって、論証的であれ蓋然的であれ、知性的な推理の結果ではない、と論じる。そしてヒュームは、因果信念の心理的メカニズムを明らかにする。信念とは「観念の特有な性質ないし状態（nature or order）にあるのではなくて、観念を心に思い浮かべる様式と、観念が心に与える感じに存する」（EHU 5.2.12; SBN 49）。そして、「信念という情感は、想像力の単なる虚構に伴うものよりも激しく、そして確固とした想念に他ならないということ、そして想念のこの様式は、事物と、記憶や感官に現前している何か或るものとの習慣的な連接から生じる」（EHU 5.2.13; SBN 50）。

偶運の蓋然性と原因の蓋然性

続いてヒュームは、第六節「蓋然性について」で、蓋然性に関わる信念のメカニズムを取り上げている（この部分は『本性論』では第三部の第一一節―一二節に当たる）。ヒュームは、ここで蓋然性の二つの種類を区別している。一つは「偶運の蓋然性」であり、もうひとつは「原因の蓋然性」である。前者は、等しい可能性に基づくアプリオリな確率に相当し、後者は過去の経験が与えられた場合のアポステリオリな確率に相当すると言ってもよいかもしれない[25]。しかし、ここでヒュームは蓋然性の数学（確率論）を展開しているのではない。ヒュームが問題にしているのは、蓋然的信念の心理的メカニズムである。

「この世界に〈偶運〉（*Chance*）というようなものはないのだけれど、何らかの出来事の本当の原因をわれわれが知らないとき、「偶運がある場合と」同じ効果が知性に及ぼされ、そして同様の種の信念または意見が生み出されることになる」（EHU 6.1: SBN 56）。サイコロを投げるとき、われわれは六つの目のそれぞれが出ることを等しく蓋然的であると見なす。これが偶運である。しかし、サイコロの四つの面が同じ目をもち、他の二つの面が別の目をもつとすれば、われわれは最初の目が出るだろうと期待するし、五つの面が同じ目をもち、一つの面だけが別の目をもつとすれば、われわれの期待はもっと大きくなる。

原因の蓋然性についても同様である。この場合は、過去の経験がものを言う。経験だけがわれわれの指針である。われわれは過去の経験を頼りに未来への投射を行わざるをえない。「火はつねに燃えてきたし、水はすべての人間を窒息させてきた」が、大黄はつねに下剤になること、阿片はつねに催眠効果を持つことが見出されてきたわけではない（EHU 6.4: SBN 57）。「われわれは、何らかの原因から帰結するであろう結果を確定するために、過去を未来へと移すとき、われわれはすべての様々な出来事を、それらが過去に現れてきたのと同じ割合で、移す」（EHU 6.1; SBN 58）。『本性論』での例を借りれば、出港した二十隻のうち十九隻の船が無事に戻ってきたという実経験があったとしよう。もし今二十隻の船が出港したとすれば、私は十九隻は無事に戻って来ると期待するであろう（T 1.3.12.11; SBN 134）。

ヒュームと確率論（蓋然性の数学）

ここでヒュームは、ライヘンバッハが「帰納の直線規則」と呼んだものに近いものをとっていると解釈できるかもしれない。つまり、（m＋n）個のAが調べられて、そのうちのm個がBであったとすると、次に調べるAがBとなる確率はm／（m＋n）である。それゆえ、もし（m＋n）個のAが調べられて、そのすべてがBであったとすれば、（m＋n）が十分に大きいとき、すべてのAがBである確率は1である。[26]

しかし、ヒュームがこの規則を採っていると見ることはできない。ヒュームが関心を持っていたのは、出来事の起こる確率ではなく、対立しあう証拠が生み出す主観的な信念の程度である。実際、以下で見るように、ヒュームは奇蹟論において、しばしば対立する議論の力の差について語っている。ヒュームによれば、二つの議論が対立するとき、「優勢な方の議論が、劣勢な方の議論を差し引いた後で残った分の力の程度にふさわしい確信だけをわれわれに与える」（EHU 10.1.11; SBN 113）。そして、反対しあう二種類の経験がある場合、「われわれが為すべきことはただ、一方から他方を差し引いて、残余から生じる確信を持って、いずれか一方の側に意見を抱くことである」とヒュームは言う（EHU 10.2.35; SBN 127）。それゆえ、上の例で言えば、次のAがBであるという信念の程度は、これまで観察されたAがBであった事例の数（m）とBでなかった事例の数（n）との差（m－n）として捉えられるであろう。件の信念はm＞nの場合だけ蓋然性をもち、m＝nの場合にはいかなる蓋然性も生じない(27)。

ヒュームの議論を定量的に表現することは困難であるように思われる(28)。ヒュームが定量的な確率論に関心を持っていなかったというわけではないが、ヒュームの議論を確率論を使って解釈する試みはヒュームの議論を見損なうことになるように思われる。以下で見るように、ヒュームの議論にとっては、単純な引き算以上の数学は必要ではなかったのである。

非哲学的な蓋然性──『本性論』

『本性論』では、偶運の蓋然性と原因の蓋然性との二つの種の蓋然性以外に、「類比から生じる第三の種がある」と言う（T 1.3.13.25; SBN 142）。これは、『知性研究』では、第九節「動物の理性について」で手短に触れられている。類比による蓋然性では、推論の確実性は、現在の事例と過去の実経験との類比の程度に依存する。類比が完璧であれば、推論は決定的であるが、類比が完璧でない分だけ、推論は決定的ではない（EHU 9.1; SBN 104）。また、『本性論』第一三節では、「非哲学的な蓋然性」についても論じられている。偶運、原因、類比の蓋然性は「哲学者によって受け入れられ、信念と意見の合理的な基礎であると認められている」が、非哲学的蓋然性はそのような「幸運に浴さなかった」ものである（T 1.3.13.1; SBN 143）。ヒュームは以下の四つを挙げている。①実経験の時間的隔たりから結果する証拠力の減少、②逆に、実経験が最近であることから起こる信憑性の増加、③議論の連鎖の長さから結果する証拠力の減少、④偏見のように、性急に形成された「一般規則」。ヒュームは『知性研究』では、その一部を第九節の注で言及しているのみである。すでに触れたように、この節には奇蹟論との関連を窺わせる箇所が見出される。上記の③では、「キリスト教に反対するひじょうに有名な議論」が登場している。これは、証言の蓋然性が時間とともに漸次的に減少するという「逓減原理」である（T 1.3.13.5-6; SBN 145-6）。これはジョン・クレイグの議論に由来するとされている。[29] クレイグは、福音書の物語の証拠上の価値が消滅する前に、キリストが再臨するであろうと仮定して、その日付を計算した。[30] 同種の議論で、異なる見解は、匿名の論考「人間の証言の信頼性の計算」にもある。著者はおそらくジョージ・フーパー（George Hooper）であると推測されている。[31] ウトゥンはヒュームの直接の典拠は、ニコラ・フレイレ（Nicolas Fréret）であると推測している。[32] この議論及びその由来については、F・ウィルソンの書物も参照。[33] ヒュームは、この議論によって歴史的な証拠の信頼性が失われることはないと論じている。④でヒュームはドゥ・レス枢機卿に言及しているが、これは「奇蹟について」の第二部で登場している。ウトゥンはこの節の最後が奇蹟論の前置きであったと推測している。[34]

確証：合理的信念の基準

ヒュームは第六節の冒頭の注で、議論ないし推理を「論証、確証、蓋然性」の三つに区別することを提案している。

> ロック氏はすべての議論を論証的なものと蓋然的なものとに分けている。こうした見地では、すべての人は死ぬにちがいないとか、太陽は明日昇るであろうということは、蓋然的であるにすぎない、とわれわれは言わなければならない。しかし、われわれの言葉遣いをもっと普通の言い方に合わせるには、われわれは議論を、論証（*demonstrations*）、確証（*proofs*）および蓋然性（*probabilities*）へと分けるべきである。そして、確証とは、経験からの立論であって、疑いや反対の余地を少しも残さないようなものを意味すべきである。（EHU 6n; SBN 56n）

ここで言われている「確証」は奇蹟論において重要な役割を果たすことになる。[35] 上記の区分は、『本性論』第一巻では第三部・第11節「偶運の蓋然性について」の本文ですでに登場していた区分である（T 1.3.11.2; SBN 124）。なぜこれほど重要な区分が『知性研究』では注におかれたのか、いぶかしむ向きもあるかもしれない。[36] おそらくヒュームは、この区分が三種類の議論の区別と解されることを怖れたのであろう。確証は、広い意味での蓋然的な議論のサブクラスであるが、「疑いや反対の余地を少しも残さない」点で、狭義の蓋然性とは区別される。しかし、確証と狭義の蓋然性との違いは程度の違いであって、種類の違いではない。それらは、その反対を思い抱くことのできない「論証」とは種類を異にするのである。しかし、確証と狭義の蓋然性は、信念を生む心理的メカニズムにおいて大きな違いをもつ。

われわれは、過去を未来へと移すように習慣によって決定されているので、過去がすっかり規則的で一様であった場合のすべての推論において、われわれはその出来事を最大の確信でもって期待し、何かそれに反対するような想定の余地を残さない。(EHU 6.4: SBN 58)

確証はヒュームにとって合理的信念の基準であると言ってよい。「賢明な人は自らの信念を証拠とつり合わせる」以上、合理的な人物は確証を受け入れるべきであり、「それに反対するような想定」を受け入れるべきではない。われわれが因果推論をする以上、そこには心の自然な行程がある。『本性論』の言い方を借りれば、それが「われわれの知性の自然的諸原理」(T 1.3.15.11: SBN 175)であり、それを反省した結果が「原因と結果について判定するための規則」である[37]。ヒュームはこれを規範的な方法論的原理として採用する。それは、心理的なレベルで最も蓋然的な行程を方法論的なレベルで従うべき規則として採用することである。

四　人間の証言：インドの王子

証言の合理性

ヒュームは蓋然性の原理を人間の証言に適用する。彼の議論は以下の通りである。

(1)　人々の証言や目撃者と観察者の報告から引き出される種類の推理は、因果推理と同じ種類であり、人間の証言の誠実性の観察と、事実が目撃者の報告と通常一致することの観察に基づいている。(EHU 10.1.5; SBN 111)

(2) 証人と人間の証言から引き出される証拠は過去の経験に基づいているので、それは経験とともに変化し、何らかの特定の種類の報告と何らかの種類の対象との間の連接が恒常的であると見出されてきたか、あるいは変わりやすいものであると見出されてきたかに応じて、確証と見なされるか、あるいは蓋然性と見なされる。(EHU 10.1.6; SBN 112)

(3) この経験がいずれの側においてもすっかり一様ではない場合、それが反対しあう判断を伴うことは避けがたいし、他のあらゆる証拠の場合と同じ、議論の対立と相互破壊を伴う。(Ibid.)

(4) われわれがいずれかの側が勝っていることを発見するとき、われわれはそちらの側に傾くが、それでも、それに反対する側の力に応じて確信は減少する。(Ibid.)

(5) 証人が互いに矛盾するとき、証人の数がわずかしかないか、疑わしい性格をしているとき、証人が断定している事柄に利害関心をもっているとき、証人が躊躇《ためら》いながら証言をするか、あるいは反対に、あまりにも激しく断固として証言をするとき、われわれはどんな事実に関しても疑念を抱く。(Ibid.; SBN 112–113)

(6) 証言されている事実がわれわれがめったに観察したことのないような事実であるとき、ここに二つの対立する経験の競合があり、そのうちの一方は、その力が及ぶ限り、他方を破壊し、勝っている方だけが、残っている力によって、心に作用することができる。このような

矛盾から、必然的に均衡状態が起こり、信念と権威の相互破壊が起こる。（EHU 10.1.8; SBN 113）

ここでヒュームが裁判の審理を念頭に置いていることは明らかである[38]。ある出来事があったという証言とそれが起こらなかったとする証言が対立する場合、陪審員は証人の資質や数を検討する。証人の資質に問題がないとして、もし三人の証人がある出来事の生起を証言し、一人の証人がそれに反対する証言を行ったとすれば、陪審員は前者の証言に信を置くが、二人の証人がそれに反対する証言を行った場合には、その信は著しく減少するであろう。そして、反対する証人が三人になれば、陪審員は評決に達しないであろう。

「インドの王子」——「経験に反対」と「経験と不一致」との区別

ここでヒュームは、『知性研究』の五〇年版以後、「インドの王子」の話を付け加えた。インドの王子は、氷結の結果に関する最初の話を信じようとしなかったが、正しく推理したのである。そして、彼が見知らなかったような、そして彼がそれについてこれまで恒常的で一様な経験を持っていた出来事と少しも類比を持たないような自然の状態から生じた事実に対し彼を同意させるためには、当然ながらひじょうに強い証拠を必要としたのである。それらの事実は彼の経験に反対（contrary to his experience）ではなかったが、それに一致するものではなかった（not conformable to it）。（EHU 10.1.10; SBN 113-114）

この話の原型はロックに見出されるし、同時代の人々には広く知られていたようである。ロックは、『人間知性論』第四巻・第一五章（§4）で、シャムの王様の話に触れている。オランダの大使がシャムの王様に、オランダでは寒いときに川が氷結し、ゾウがいたら、その上を歩くこともできるという話をする。シャムの王様がインドの王子にすり替わったのは、スチュアートが言うように[39]、ヒュームがロックの別の逸話（ゾウが大地を支えるというインドの哲学者の話）と混同したためであろう[40]。

それはともかく、ヒュームはここで為している区別——「経験に反対」と「経験と一致しない」——を行う資格がない、と批判されてきた[41]。ヒュームは「奇蹟」（the miraculous）を「経験に反対」であるとして退け、「驚異」（the marvellous）は「経験と一致しない」だけであるとする。ヒュームは『英国史』でも「奇蹟」と「驚異」の区別の重要性について述べている。「奇蹟的なものと驚異的なものを区別すること、世俗的で人間的なものにすぎないすべての物語において前者を退け、後者を疑うこと、そして、現在の場合のように、疑えない証言によって強いられた場合には、驚異的なものを認めること、そのうちで既知の事実や状況と矛盾しないものだけを受け入れることが歴史の務めである」[42]。しかし、奇蹟の生起を疑うヒュームの経験もインドの王子の経験と同じではないだろうか。われわれが有限なデータから帰納的に飛躍するとき、そこには誤りの可能性がある。限られた経験から奇蹟の証言を信じないことは、氷結を信じないインドの王子と同じではないか。

ヒュームは五六年版では「インドの王子」の節の直前にさらに次の一節を加えた。

　私はその話がたとえ**カトー**によって告げられたとしても信じないであろう、とは、かの哲学的愛国者の存命中でさえも、ローマで言われていた格言である。事実の信じられなさはそれほどの大きな権威をも無効にしうると認められていたのである。（EHU 10.1.9; SBN 113）

ヒュームは、尋常でない（extraordinary）出来事を人に信じさせるにはかなり強い証言が必要であることを例示するために、カトーやインドの王子の話を持ち出していると思われる。インドの王子にとって氷結は彼の経験の範囲外にある。その意味で、それは彼の経験と反対ではない。しかし、それは彼の経験と類比を持たないという意味で、彼の経験と一致しない。そして、経験と一致しない話は容易には信じられないし、それを信じるには「かなり強い証言が必要」なのである。ヒュームは、ここで「奇蹟」と「驚異」の区別を論じているのではない。たしかに、ヒュームは「インドの王子」の節の注で、驚異と奇蹟の区別に触れている。奇蹟は「すべての状況が同じ場合の自然の行程についての一様な経験に反対」である、とヒュームは言う（EHU 10.1.10n; SBN 114n）。これは以下の議論の予示であるとともに、予想される反論への答えであろう。つまり、氷結もインドの王子の個人的経験に反対ではないか、という反論である。ヒュームの答えは、驚異はせいぜいのところ限定された経験に反対するだけであるが、奇蹟は限定されない経験に反対である、というものである。

個人的な経験範囲の拡張

ヒュームはここで「経験」という語を曖昧に使っているという批判も受けてきた(43)。限定されない経験について語ることは、他者の証言にすでに依拠しているのでなければ、確立されえないことである。

ヒュームは個人的な経験からどのようにして（個人的でない）人類の経験へと飛躍できるのか。ヒュームはもちろんこれに答えている。上記の（1）と（2）はそれへの答えである。われわれは因果推論によって、われわれの個人的な経験を拡張していく。ヒュームは人間と動物の違いとして次のことを挙げている。

われわれが人間の証言に対する自信を獲得したあとでは、書物や会話がひとりの人間の経験や思想の領域を別の人間のそれよりもはるかに大きく拡大する（EHU 9.5n; SBN 107n）。

かくして、ヒュームが限定されない経験について語ることにはいかなる問題もないのである。(44)

五　奇蹟と自然法則

奇蹟の証言

次に、ヒュームは驚異的な出来事の証言へ、そして奇蹟の証言へと話を移す。

（1）証人の断定する事実が単に驚異的であるだけではなく、本当に奇蹟的であり、そして、その証言が、それだけで考察するならば、十全な確証（entire proof）になると想定した場合、確証に反対する確証があることになり、それらのうちで最も強いものが勝つにちがいないが、それでも、それに反対する側の力に比例して、その力は減少するにちがいない。（EHU 10.1.11; SBN 114）

奇蹟は自然法則の侵犯である。

ここでヒュームは奇蹟の証言にとって最も有利な状況を設定している。しかし、とヒュームは続ける。

（2）奇蹟は自然法則の侵犯である。（Ibid.）

（3）堅固で不変な経験がこれらの法則を確立している。（Ibid.）

（4）それゆえ、あらゆる奇蹟的な出来事に反対する一様な経験があるにちがいない。（EHU 10.1.12; SBN 115）

（5）一様な経験はひっきょう確証となるので、ここに、事実の性質からして、いかなる奇蹟の存在にも反対する直接的で十全な確証があることになる。また、そのような確証は、それに勝るような対立する確証によるのでなければ、破壊されえないし、奇蹟が信じられるようにされることもありえない。（Ibid.）

ここでのヒュームの議論は様々に解釈され、様々な批判を受けてきた。明白な誤解は、ここでヒュームは奇蹟の生起を論理的に不可能なものだと断じているという解釈である。もし自然法則が例外のない普遍的一般化であるとすれば、定義からして、奇蹟は存在しない[45]。したがって、ヒュームはここで、すべての議論を打ち切ってもよかったはずである。しかし、フルーがすでに明らかにしたように、ヒュームはここで、奇蹟が起こりえないとか、奇蹟の概念が自己矛盾であるとか言っているわけではない[46]。実際、奇蹟の生起を思い抱くことは、太陽は明日昇らないことを思い抱くことと同様に、可能である。フルーによれば、奇蹟は物理法則と論理的に矛盾するという意味で、物理的に不可能だ、ということである。しかし、フルーの解釈では、自然法則は、これまで例外の観察されたことのない普遍的一般化である、ということになるであろう。しかし、もしそうであるとすれば、或る奇蹟的な出来事が観察されたということは、それが自然法則の侵犯ではないということであり、それゆえ、それは奇蹟ではなく、ヒュームの結論の範囲外であることになる。いずれにせよ、ヒュームは奇蹟の証言に耳を貸す必要はないことになる[47]。

　これらの解釈は、ヒュームが奇蹟が起こったのかどうかを問題にしているという共通の前提を持っている。しかし、すでに述べたように、ヒュームは奇蹟が実際に起こったかどうかを問題にしているのではない。問題は、奇蹟の証言は合理的に信じるに足るかどうか、である。ここでのヒュームの議論はパスカルの賭けに似ていると思われるかもしれない。合理的な人物は、奇蹟の存在を信じるか、自然の一様性を信じるかの選択に直面して、後者を選択するであろう。なぜならば、自然の一様性の経験が生む確証こそが合理的信念の基準だからである。われわれが証言を信頼するのもこの一様性ないし規則性があるからこそである。奇蹟は自然法則の「反証」ではない。自然法則の反証は、新たな法則の発見に導く。それは自然の一様性が想定されているからである。奇蹟は自然法則の「侵犯」であるが、自然法則の侵犯がすべて奇蹟であるわけではない。ヒュームは自然法則の「侵犯」と「反証」を区別するために、注を加えて、奇蹟の第二の定義を与えている。

　奇蹟を正確に定義すれば、〈神〉の特殊な意志作用によるか、あるいは或る不可視な作用者の介

在による、自然法則の侵犯である、と言えるだろう。[48]（EHU 10.1.12n: SBN 115n）

この第二の定義は、第一部ではいかなる役割も果たしていない。しかし、ここでもヒュームの注は次の第二部での議論を予示している。それは、宗教的奇跡こそが本当の奇跡（ヒュームの本当の標的）であるということを暗示している。

ヒュームの格率

ヒュームは最後に次のように言う。

明白な帰結（そしてわれわれの注目に値する一般的な格率は）こうである。「もし証言が、その証言の虚偽はそれが確立しようとしている事実以上に奇蹟的であると言えるような種類のものでないならば、いかなる証言も奇蹟を確立するのに十分ではない。そして、その場合でも、議論がお互いを破壊しあって、優勢な方の議論が、劣勢な方の議論を差し引いた後で残った分の力の程度にふさわしい確信だけをわれわれに与えるのである」、と。

もちろん、ヒュームはこの条件が満たされることは実際にはないだろうと考えている。しかし、ここでヒュームはそれを主張しているのではない。上記の格率は、ヒュームの最後の言葉ではない。ヒュームは賭をしない。

六　反対しあう奇蹟

第二部でのヒュームの議論は、第一部の議論ほど注目されてこなかった。しかし、ヒュームが「もし正しければ、賢明で学識ある人々にあっては、あらゆる種類の迷信による欺きを永久に阻止し、ひいては、この世が続く限り有益なものとなるであろう」と述べたとき、彼の念頭にあったのは、第二部の議論ではないだろうか。第一部が前置きであったことは次の一節から明らかである。

先の論議において、われわれは、奇蹟が基づいている証言は、ことによると、十全な確証に達するかもしれないこと、そして、その証言が偽であることが本当の奇蹟（prodigy）となるであろう、と想定しておいた。しかし、われわれがあまりにも惜しみなく譲歩しすぎていたこと、そして、それほど十全な証拠に基づいて確立された奇蹟的な出来事は決してなかった、ということを示すことは容易である。（EHU 10.2.14; SBN 116）

「決してなかった」と言うことは強すぎると思われるかもしれない。しかし、そう言えるだけの論拠を示すのが第二部の議論である。ヒュームはここで四つの議論を展開している。

証言を確信するための必要条件

第一の議論では、われわれが人間の証言を確信するための必要条件が挙げられ、そうした条件を満たす奇蹟の証言は歴史上なかったと論じられる。その条件とは以下の通りである。

（1）疑いのない良識、教育、学識を持っていて、彼ら自身が一切欺かれていないとわれわれが安心できるほどの人々の証言であること。（Ibid.）
（2）疑問の余地のない誠実性をもっていて、他者を欺こうとするたくらみをもっているのではないかという疑念がまったくないと思えるほどの人々の証言であること。（Ibid.）
（3）信用と評判があり、偽りが見破られた場合に多くのものを失うような人々の証言であること。（Ibid.）
（4）事実の証明が、公然と為され、世界の著名な部分で行われたので、発覚を免れることができないこと。（Ibid.）

奇蹟の証言に関する社会—心理学的考察

第二の議論では、人間が尋常でないものや驚異的なものへの強い傾向を持っていることが指摘される。「奇蹟から生じる、驚き（surprise）と驚異（wonder）の情念は快い情緒であるので、その情念が由来する出来事の信念へと向かう顕著な傾向性を与える」（EHU 10.2.16; SBN 117）。そして、「宗教の精神が驚異の愛好といっしょになるならば、常識の終わりとなる」（EHU 10.2.17; SBN 117）。

第三の議論は、「すべての超自然的で奇蹟的な物語は主として無知で未開の民族の間にたくさんあるのが観察されている」こと、そして「文明国の人々がそれらの物語のどれかを承認しているとしても、その人々はそれらを無知で未開な先祖から受け取ったのが見出される」ことを指摘し、これらが超自然的で奇蹟的な物語に「反対する強い推定理由をなす」と論じる（EHU 10.2.20; SBN 119）。

反対し合う奇蹟の議論

第二と第三の議論は、社会―心理学的考察であるが、ヒュームは最後に第四の議論を追加する。これは、「反対しあう奇蹟の議論」（the Contrary Miracles Argument）と呼ばれている。[49] それを含むヒュームの議論は以下の通りである。

（1）宗教の問題においては、何であれ異なるものは反対しあうので、諸宗教のすべてが堅固な基礎に基づいて確立されることは不可能である。（EHU 10.2.24; SBN 121）

（2）あらゆる奇蹟の直接の目的はそれが帰属する特定の体系を確立することであるから、それは、間接的に、他のあらゆる体系を覆す同じ力をもっている。（Ibid.）

（3）奇蹟は、対抗する体系を破壊する際に、その体系を確立した奇蹟の信用性をも破壊する。（Ibid.）

（4）その結果、異なる宗教の不思議は反対し合う事実と見なされるべきであり、それらの不思議の証拠は、弱いものであれ強いものであれ、互いに対立するものと見なされるべきである。（Ibid.; SBN 122）

ここまでが、反対しあう奇蹟の議論であり、ヒュームはさらに全体的な結論を付け加えている。

結論：いかなる人間の証言も奇蹟を証明するだけの力を持ちえない。

（5）いかなる種類の証言も、蓋然性に達することはないし、ましてや確証に達することはない。そして、たとえそれが確証に達したと想定しても、それは、それが確立しようと努める事実の性質そのものから引き出される、別の確証と対立するであろう。(EHU 10.2.35; SBN 127)

（6）人間の証言に権威を与えるのは、経験のみである。そして、自然の法則をわれわれに確信させるのも同じ経験である。それゆえ、これら二つの種類の経験が反対しあうとき、われわれが為すべきことはただ、一方から他方を差し引いて、残余から生じる確信をもって、いずれか一方の側に意見を抱くことである。(Ibid.)

（7）この引き算は、すべての民間宗教に関しては、全面的な消滅となる。(Ibid.)

（8）いかなる人間の証言も、奇蹟を証明するだけの力を持ちえないし、それを宗教の何かそうした体系の正当な基礎となすことはできない。(Ibid.)

ヒュームは上記の結論が宗教的奇蹟にのみ当てはまることを注意している。

私は、奇蹟は宗教の体系の基礎となるようには決して確証されえないと言うとき、ここで為された限定に注目されるようお願いする。というのは、それ以外の場合に、人間の証言からの確証を許すような種類の奇蹟ないし自然の通常の行程の侵犯がことによるとあるかもしれないことを私は認めるからである。もっとも、おそらくは、歴史のすべての記録においてそのような奇蹟を見出すことは不可能であろうが。(Ibid.)

ヒュームは、「一六〇〇年の一月一日から八日間にわたって地球全体が真っ暗闇になった」という話と、「一六〇〇年の一月一日にエリザベス女王が亡くなり、…彼女が埋葬されて一ヶ月後に、彼女が再び現れ、王位を回復し、三年間英国を統治した」という話を対比させている（EHU 10.2.36-37; SBN 127-128）。いずれも奇蹟的な出来事であるが、前者については、自然的な原因による説明が可能である。しかし、後者についてはむしろ捏造の可能性の方が大である。ましてや、後者が「宗教の何か新しい体系に帰せられる」とすれば、それを「それ以上検討することさえなく拒否」できるとヒュームは言う（EHU 10.2.38; SBN 128-129）。ヒュームが本当にありえないと考える奇蹟は宗教的な奇蹟である。

反対し合う奇蹟の議論の構造

宗教的な奇蹟に対するヒュームの頑強な拒否を支えているのは、「反対しあう奇蹟の議論」の強さである。「奇蹟は証言の信用を破壊するだけではなく、証言が証言自身を破壊する」（EHU 10.2.24; SBN 121）。それは宗教的奇蹟の証言の共倒れを意図している[50]。

この議論を形式的に整理すれば、次のようになる。R1、R2、R3、R4という宗教があるとする。（1）からして、これらすべてが真であるということはない。それゆえ、任意の二つの宗教RiとRj（i≠j）をとると、$\sim(Ri \wedge Rj)$である。それぞれに属する奇蹟をM1、M2、M3、M4としよう。すると、（2）の主張は、「確立する」ということを「論理的に含意する（$\vdash$）」と解すれば、$Mi \vdash Ri$ということから、$Mi \vdash \sim Rj$（i≠j）を結論していることになる。そして（3）は、$Mi \vdash$

$\sim R_j$［と$\sim R_j \vdash \sim M_j$］ということから、$M_i \vdash \sim M_j$を結論している。そして、以上から（4）が帰結する。つまり、任意の二つの奇蹟M_iとM_j（$i \neq j$）について、$\sim(M_i \wedge M_j)$である。

この議論の妥当性に疑いはない。しかし、その前提についてはいくつかの批判がある。たとえば、最初の前提である「$\sim(R_i \wedge R_j)$」について言えば、両立可能な宗教もあると言われるかもしれない。しかし、ガスキンが言うように、その前提は、ヒュームの関わる宗教、キリスト教については成立するであろう。それは排他的な一神教であるから、キリスト教が多神教と両立することは不可能であり、キリスト教の固有の教義がその他の一神教の教義と両立することも不可能である(51)。

第二の前提である「$M_i \vdash R_i$」（ある奇蹟はそれが属する宗教の体系の真理を論理的に含意する）についても、すべての宗教について言えるわけではないし、キリスト教に限っても成立しない、と言われるかもしれない。たとえば、イアマンは、ヒュームの議論は奇蹟が宗教体系の証明であると考えている人々には効果を持つが、奇蹟は宗教体系の確認を与えるのみであると見なす人々には効果がない、と論じている(52)。しかし、第二の前提は、少なくとも聖書に述べられた奇蹟について当てはまるように思われる。さらに言えば、奇蹟が宗教体系の確認を与えると考えるためには、予測が科学理論の確認を与えるように、奇蹟は預言と結びつかねばならない。ヒュームは、もちろん、そのような道も予想している。

われわれがこれまで奇蹟について述べてきたことは、少しも変えないで、預言にも適用されるだろう。そして実際、すべての預言は本当の奇蹟である。そしてそのようなものとしてのみ、何ら

かの啓示の確証としても認められうる。（EHU 10.2.41; SBN 130–131）

もちろん、神の存在を示す独立の根拠があると有神論者は言うであろう。それは計画性からの論証である。もし計画性の論証が有効であれば、それは「宗教的仮説」（EHU 11.18; SBN 139）を科学理論と等しいものとするであろうし、奇蹟が宗教体系を確認する道も開かれるであろう。それゆえ、ヒュームは次の第一一節「特殊摂理と来世について」で、その根拠の検討に取りかかるのである。ヒュームの最終目的は、宗教（信仰）が科学や常識（知性）と相容れないものであることを示すことであり、その端緒が奇蹟論であった。

注

（1） James Boswell, "An Account of My Last Interview with David Hume, Esq.," from the *Private Papers of James Boswell*, reprinted as an Appendix A in Norman Kemp Smith ed., *Dialogues Concerning Natural Religion*, reprinted no date, Bobbs-Merril. Cf. E. C. Mossner, *The Life of David Hume*, Oxford: Clarendon Press, second edition, 1980, p.597.

（2） ヒュームの生まれ育った宗教的環境については、Kemp Smith, ed., op. cit., Introduction, pp.1–8; Mossner, op.cit., pp.32-34を参照。

（3） Mossner, op. cit., p.51.

（4） Ibid., p.64：傍点は原文のイタリック体。

（5） R. Klibansky & E. C. Mossner eds., *New Letters of David Hume*, Oxford: Clarendon Press, 1954, p.2.

（6） ガスキンによれば、それは『本性論』の第一巻・第四部・第五節の「魂の非物質性について」の結論部を構成していたと推測される（J. C. A. Gaskin, *Hume's Philosophy of Religion*, second edition, Macmillan, 1988, p.182）。「魂の不死性について」の仏訳（David Hume, *Essais moraux, politiques et littéraires et autres essays*, traduction nouvelle, introduction, notes par Gilles Robel, Presses Universitaires de France, 2001）の訳者注（p.683）をも参照。

（7） E. C. Mossner & John V. Price eds., *A Letter from a Gentleman to his Friend in Edinburgh*, Edinburgh U. P., pp.17-18.

（8）『知性研究』第八節第二部の冒頭の言葉を参照。ヒュームはそこで、宗教や道徳に対して危険な帰結をもつからといって偽であることにはならない、と述べている（EHU 8.2.26; SBN 96）。

（9） Richard Swinburne, *The Coherence of Theism*, Oxford: Clarendon Press, 1977, p.1.

（10） Simon Blackburn, *Think*, Oxford U. P., 1999, p.42.

（11） 一七六二年六月七日付のジョージ・キャンベル宛の書簡を参照（*The Letters of David Hume*, op. cit., vol.1, p.361）。この手紙でヒュームは、ジェズイットとの会話において奇蹟が話題になったとき、「私の頭は、そのとき書いていた『本性論』の主題でいっぱいでしたので、この議論がすぐに浮かびました」と述べている。「この議論」が具体的に何を意味するのか不明であるが、多くの注釈家は第一〇節の第一部の議論であろうと推測している。私は異なる見解をもっているが、それについては注50にて述べる。

（12） Kemp Smith ed., op. cit., Introduction, p.45.

（13） J. O. Nelson "The Burial and Resurrection of Hume's Essay 'Of Miracles'," *Hume Studies*, 12, 1986, 57-76.

（14） Burns, *The Great Debate on Miracles, From Joseph Glanville to David Hume*, East Brunswick, N.

J.: Associated University Presses, 1981, pp.133ff.

（15）Nelson, op. cit.

（16）Wootton, "Hume's 'Of Miracles': Probability and Irreligion," in *Studies in the Philosophy of the Enlightenment*, ed. M. A. Stewart, Oxford: Clarendon Press, 1997, 191-229.

（17）拙論「知覚、劇場、共和国――『人間本性論』I, iv, 6」を参照。

（18）奇蹟論に対する十八―十九世紀の反応については、Stanley Tweyman ed., *Hume on Miracles*. Bristol: Thoemmes Press, 1996 に収録された論稿を参照。また、ビーチャム版『知性研究』の編者序論（lxxxiii-civ）も参照。

（19）Antony Flew, *Hume's Philosophy of Belief: A Study of His First 'Enquiry'*, Routledge & Kegan Paul, 1961, pp.215-216; Antony Flew, *David Hume: Philosopher of Moral Science*, Basil Blackwell, 1986, p.61; Stephen Buckle, *Hume's Enlightenment Tract: The Unity and Purpose of 'An Enquiry Concerning Human Understanding'*, Oxford: Clarendon Press, 2001a, pp.238-242; Stephen Buckle, "Marvels, Miracles, and Mundane Order," *Australasian Journal of Philosophy*, 79, 2001b, 1-31. pp.2-6.

（20）アプリオリな議論とアポステリオリな議論という区別については、フルー（Flew, op. cit., 1961, p.173）およびガスキン（J. C. A. Gaskin, *Hume's Philosophy of Religion*, second edition, Macmillan. 1988, p.135）を参照。バックルは、ヒュームが奇蹟論を二つの部に分けたことに、当時の議論の影響を見ている（Buckle, op. cit., 2001b）。アルノーとニコルの『論理学：思考術』（Antoine Arnauld and Pierre Nicole, *La logique ou l'art de penser*）は、われわれがこの種の問題を扱う際、「内的」及び「外的」状況を考慮しなければならない、と述べている。前者は事実そのものに属するが、後者は証言をする人々に関わる（Flammarion, 1970, pp.414-15; English translation, Cambridge U. P., 1996, p.264）。ジョン・ロックも『人間知性論』の第四巻・第一五章「蓋然性について」で同種の区別をしている（§4）。『論理学：思考術』と『人間知性論』がヒュームに与えた影響については、M・A・スチュアートの論考を参照（M. A. Stewart, "Hume's Historical View of Miracles," in *Hume and Hume's Connexions*, ed. M. A. Stewart and J. P. Wright, 171-200. University Park, Pa.: Pennsylvania State University Press, 1994）。ウトゥン（Wootton, op. cit.）は、しかし、フランスでの自由思想家の地下出版物（clandestine）の影響を強調している。蓋然性の議論で『論理学：思考術』が果たした役割については、ハッキングの著書の第9章を参照（Ian Hacking, *The Emergence of Probability*, Cambridge U. P., 1975.）。

（21）Flew, op. cit., 1961, p.174.

（22）これらの点はさらに、Flew, ibid., 1961, pp.176-178で展開されている。

（23）化体説は、ワインとパンが、偶有性（可感的性質）はそのままに、実体としては、キリストの血と肉に変わり、キリストが現前すること（real presence）である。それゆえ、ティロットソンはカトリックの議論を正しく捉えていないとフルーは言う（Flew, ibid., 1961, pp.172-173）。しかし、バックルは別の興味深い解釈を提示している（cf. Buckle, op. cit., 2001a, pp.251-252）。

（24）Cf. Buckle, op. cit., 2001b, p.16.

（25）Cf. Flew, op. cit., 1961, pp.106-107.

（26）J・イアマンはそのように解釈し、ヒュームをベーズ主義的観点から批判することを正当化している（John Earman, *Hume's Abject Failure*, Oxford U., 2000, pp.22-24）。もちろん、ヒュームはベーズを知らなかった。トマス・ベーズの「偶運の教説における一問題を解決するための試論」（Thomas Bayes, "An Essay towards Solving a Problem in the Doctrine of Chances," *Philosophical Transactions of the Royal Society*, 33, 370-418）は一七六三年に出版されているが、それを発表したのはリチャード・プライスであった。ヒュームとプライスは一七五八年頃に知り合っていた。ヒュームのプライス宛書簡（*New Letters of David Hume*, op. cit., pp.233-234）を参照。

(27) B・ガウアー（Barry Gower, "David Hume and the Probability of Miracles," *Hume Studies*, 16, 1990, 1-17; Barry Gower, "Hume on Probability," *British Journal for the Philosophy of Science*, 42, 1991, 1-19）は、ヒュームの議論とヤコブ・ベルヌーイとの共通性を指摘している。

(28) ガウアー（Gower, op. cit., 1991）は、ヒュームの考えをあまり損ねないで、蓋然性の程度が0から1までの値をとるようにすることはできるとして、（m－n）／（m＋n）という式を提案している。E・J・ロウ（E. J. Lowe, "Miracles and Laws of Nature," *Religious Studies* 23: 1987, 263-278）も同様の試みを行っている。しかし、ガウアーも言うように、過去の経験や観察の数がものを言うとすれば、ヒュームの蓋然性を比（分数）で考えることは難しい。これまで一〇〇個のAが調べられて、そのうち九〇個がBであった場合と、一〇個のAのうち九個がBであった場合とでは、次のAがBである確率はいずれの場合も同じ（0.8）であるが、ヒュームの場合、蓋然性の程度が同じになるとは言えない。さりとて、経験の数がどのような影響を及ぼすのか、明確な答えはないように思われる。ヒュームにベーズ主義的な条件確率という考えがなかったことについては、ガウアー（Gower, op. cit., 1990）を参照。

(29) John Craig, *Theologiae Christianae principia mathematica*, 1699.

(30) "A Calculation of the Credibility of Human Testimony," *Philosophical Transactions of the Royal Society*, 21, 1699, 359-365.

(31) Wootton [1990] pp.201ff.

(32) Fred Wilson, *Hume's Defence of Causal Inference*, University of Toronto Press, 1997, pp.268ff.

(33) この議論と『本性論』第四部・第一節での「理性能力に関する懐疑論」との関わりについては、拙論「合理性と蓋然性：理性能力に関するヒュームの懐疑論をめぐって」、平成八・九・一〇年度科学研究費補助金（基盤研究（C）（2））研究成果報告書、一九九九年、二五―三三頁、を参照。

（34） Wootton, op. cit., p.199.

（35）「確証」は法律用語で、審判での判決を決定するような証拠を意味していた。十七世紀における蓋然性と法律との関わりについては、B・J・シャピロウ（B. J. Shapiro, *Probability and Certainty in Seventeenth-Century England*, Princeton U. P., 1983, pp.173ff.）を参照。

（36） Cf. Buckle, op. cit., 2001b, p.7 n.19.

（37）『本性論』の第一五節「原因と結果について判定するための一般規則」は『知性研究』では省かれている。おそらくは、奇蹟論という、一般規則の具体的な適用例がある以上、これは不要になったと考えられよう。上記の「規則」については、拙論「ヒュームの因果論と理性概念」、『人文研究』第三二巻、第五分冊、一九八〇年、一七―三五頁、を参照。

（38） このことは、ヒュームが若い頃に法律の勉強をしていたこととくに結びつける必要はないと思われる。奇蹟の証言と裁判の審理との結びつきはきわめて自然であろう。トマス・シャーロック（Thomas Sherlock）の『イエスの復活の目撃者の審判』（*Tryal of the Witnesses of the Resurrection of Jesus*, 1728, partially reprinted in Earman, op. cit., pp.125-132）は裁判の形式を取って奇蹟の証言を擁護しようとしている。因みに、ガスキン（Gaskin, op. cit., pp.145ff.）は、シャーロックの書物がヒュームに与えた影響を重視しているが、バーンズ（Burns, op. cit., p.284）やウトゥン（Wootton, op. cit., pp.194ff.）はこれを否定している。

（39） Stewart, op. cit., p.200.

（40） ジョウゼフ・バトラーもシャーロックも同種の話に触れている。イアマンによれば、すでにトマス・モアの『異端に関する対話』（*A Dialogue Concerning Heresies*, 1557）にこれと類似する話がある

(Earman, op. cit., p.33)。ヒュームがこの話を付け加えたのは、一七四九年に公刊されたフィリップ・スケルトンの『へビと闘う人』(Philip Skelton, *Ophiomaches, or Deism Revealed*)が関係している。スケルトンはヒュームがこの議論に触れていないことを批判していた。モスナー(Mossner, op. cit., p.232)によれば、スケルトンの書物が『知性研究』の出版者アンドリュー・ミラーに持ち込まれたとき、その評者になったのがヒュームだった。ウトゥンは、ヒュームがこれほどよく知られていた議論を『知性研究』の初版で触れなかったのは、ヒュームの典拠がフランスにあったことを示していると推測している(Wootton, op. cit., pp.195ff.)。

(41) キャンベルの批判を見よ(cf. George Campbell, *A Dissertation on Miracles*, 1762, reprinted 1983, Garland, pp.47ff., partially reprinted in Earman, op. cit., pp.176–193, esp. pp.185ff.)。

(42) *The History of England*, Vol. II, Ch. XX, 1983, Liberty Classics, p.398.

(43) これもキャンベルの批判を見よ(cf. Campbell, op. cit., pp.37ff., in Earman, op. cit., pp.183ff.)。

(44) この点はギャレット(Don Garrett, *Cognition and Commitment in Hume's Philosophy*, Oxford University Press, 1997, p.151)に負っている。

(45) リチャード・プライスはそのように理解した(cf. Rochard Price, *Four Dissertations*, IV, Second edition 1768, reprinted 1990, Thoemmes, pp.385ff., partially reprinted in Earman, op. cit., pp.157–176, esp. p.161)。同じ解釈はC・D・ブロード(C. D. Broad, "Hume's Theory of the Credibility of Miracles," *Proceedings of the Aristotelian Society*, 17, 1916–17, 77–94, reprinted in *David Hume: Critical Assessments*, Vol. V, ed. Stanley Tweyman, 1995, Routledge, 444–455)に見られる。

(46) Flew, op. cit., 1961, pp.186ff.

(47) Cf. Garrett, op. cit., p.140.

(48) ロックの「奇蹟論」("A Dissertation of Miracles," 1706)における「奇蹟」の定義と比較せよ。

その定義によれば、奇蹟は「観察者の理解を越えており、彼の意見では、自然の確立された行程と反対であるので、彼によって神によると解される目に見える働きである」（*The Works of John Locke*, Vol. IX, Scientia Verlag, 1963, p.256, in Earman, op. cit., p.114）。ロックは奇蹟を観察者に相対的な主観的概念としている。ヒュームは、ロックの主観的な奇蹟概念を客観的な概念に変えた。ヒュームは注で「奇蹟は人々によって発見されうる場合もあれば、そうでない場合もある。このことは奇蹟の本性と本質を変えるものではない」（EHU 87n; SBN 115n）と述べている。ギャレットはヒュームの自然法則を主観的に理解したために、それとヒュームの注との整合性の説明に苦慮している（cf. Garrett, op. cit., pp.252-253）。

（49） Gaskin, op. cit., pp.136ff.

（50） おそらくは、この議論こそが、ヒュームがキャンベル宛の手紙で触れていた「この議論」ではないだろうか。

私はそれが私の相手を大いに面食らわせたと思いました。しかし、最後に彼は私に言いました。その議論が何らかの堅固さを持つことは不可能である、と。なぜならば、それは福音に対してもカトリックの奇蹟と等しく反対の働きをするからである――私はその所見が十分な答えとして認めるにやぶさかでないと思いました。

ウトゥンは、ヒュームがこの議論を、ロベール・シャル（Robert Challe）のものとされる『マルブランシュ神父において提示された宗教に関する難点』（*Difficultés sur la religion proposée au Père Malebranche*, c.1711）から得ているのではないかと推測している。それはともかく、ヒュームがラ・フレーシュにいたときにすでにこの議論を知っていたとすれば、ヒュームが上記の手紙で第一部の議論だけを念頭においていたとは思われない。

（51） ヒュームの挙げている「古代ローマ、トルコ、シャム、および中国の諸宗教」は（トルコを除けば）

多神教であり、排他的な一神教ではない。ウトゥンはこの誤りの説明として、ヒュームがこの議論を丸ごと『宗教に関する難点』から取ったからであると主張している。

(52)　イアマン (Earman, op. cit., p.70) によれば、それは当時のリベラルなアングリカンの共通意見であった。

第四部

真なる宗教と偽なる宗教

——ヒュームの宗教哲学（二）——

一　宗教的仮説――『知性研究』第一一節

『知性研究』の第一一節は、神の存在に関する計画性からの論証――「宗教的仮説」――を扱っている。これは有神論者のみならず理神論者も依拠する論証である。理神論者に言わせれば、この宇宙は合理的な知性を持つ神によって創られたものであるが故に、神は自ら定めた自然法則を侵犯して、奇蹟など起こす必要はない。他方、有神論者からすれば、全知全能の神の存在をいったん受け入れるならば、奇蹟の生起を妨げるものは何もないことになる。

すでに述べたように、この節はそれまでの諸節と異なり、対話という形式を取っている。しかも、対話の主要な話し手は著者ではなく、「懐疑論の逆説を好む友人」（EHU 11.1; SBN 132）であり、彼がエピクロスの口を借りて哲学を擁護するという形を取っている。標題である「特殊摂理と来世の状態について」は、この節が来世における賞罰という宗教的信念を問題にしているかのような題目になっているが、それは、ここで登場するエピクロスが摂理と来世を否定する哲学者であって、その哲学が社会の基礎を危うくしているという批判に答えるという形になっているからである。本節は初版では「自然宗教の実践的帰結について」と題されていたが、これとても内容を正確に伝えているとは言い難い。タイトルが内容からやや迂遠なことに加えて、対話という形式を取ったこと、さらには、古代ギリシアを舞台に設定したことは、ヒュームの思慮が働いていることを示している。計画性からの論証についての議論は、言うまでもなく、奇蹟よりも慎重な扱いを要する。しかし、それによってヒユームが真意を隠そうとしたとは言えない。さらに言えば、この節は、後の『対話』ほど複雑な構成ではない。というのも、この節のほとんどはエピクロスを演じる友人の発言だからである。そして、友人の主張は、最後のところで著者、すなわちヒュームによって批判を受けるが、微妙な相違を別にすれば、その大部分は著者も同意していると見なすことができる。

宇宙の秩序とその作者

さて、「宗教的な哲学者たち」は、宇宙の秩序が「原子の偶発的な共同作用」からは生じえない、と主張する（EHU 11.10; SBN 135）。エピクロスは「私はこの議論の正確さを検討しないだろう。私はそれが私の反対者や告発者が望みうる限り堅固なものであることを認めるだろう」（Ibid.）と言う。というのも、ここで彼が証明したいことは、そのような問いがまったく思弁的であって、実践にとっては無関係である、ということだけだからである。ところで、「神の存在（私はこれを疑問に付したことは決してない）に対する、主たるまたは唯一の議論は、自然の秩序から引き出されている」（Ibid.）。それは結果から原因への推論である。作品の秩序から、それを作った職人の企てや計画があったにちがいない、と推論される。しかし、とエピクロスは言う。

われわれが何か特定の原因を結果から推論するとき、われわれは一方を他方と釣り合わせなければならないし、結果を生み出すのにちょうど十分なだけのもの以外には、いかなる性質も原因に帰属させることは決して認められない。（EHU 11.12; SBN 136）

この格率はここでは当然のこととされており、それを正当化する議論は見出されない。しかし、それはニュートンの「哲学することの規則Ⅰ」であり、ヒュームの「原因と結果を判定するための規則」の第四「同じ原因はつねに同じ結果を生む」（T 1.3.15.6; SBN 173）から帰結する。[1] 必要もないのに原因を増やすべきではない。[2] それゆえ、神々が宇宙の秩序の作者であるとするならば、神々は、その作品に現われている程度の、そしてその程度だけの属性をもっていると言うことはできるが、それ以上の属性をもっているということは証明できない。それ以上の属性は思いこみと想像の産物でしかない（EHU 11.14; SBN 137）。

悪の問題

この世界には悪と無秩序があふれている。それは神々の慈愛といった属性とは両立しないように思われる。そこで、見かけの悪を説明し、神々の名誉を救おうとする甲斐のない努力が為されてきた。しかし、世界にあふれている悪と無秩序の実在を認めるべきである（EHU 11.17; SBN 138-139）。そして、宇宙の原因が何であれ、この世の幸・不幸には何の違いもない、とエピクロスは言う（EHU 11.20; SBN 140）。これはいわゆる「悪の問題」であり、後の『対話』でも論じられているが、すでに『知性研究』の第八節「自由と必然について」の最後で触れられている。もし人間の行為が必然的な因果連鎖によって神にまで遡ることができるとすれば、神の完全性からして、この世に悪は存在しないか、あるいは、すべての悪の原因はもっぱら神である、ということになる（EHU 8.2.32; SBN 99-100）。ヒユームは、前者に対する答えが「明白で説得的なものであると思われる」（EHU 8.2.34; SBN 101）が、後者については「それほど容易で満足のいく答えを許さない」（EHU 8.2.36; SBN 103）と言う。神を罪悪の責任者とすることなく、この宇宙の作者とすることはいかにして可能か。この問題は「単に自然的で、援助されていない理性が扱うには不向きな神秘」であり、その解決は哲学のあらゆる力を超えている。理性は「これほど晦渋と難問に満ちた場面を去って、ふさわしい控えめでもって、日常生活の検討という、理性の真の、そして固有の領域に立ち返る」べきである、とヒュームは結んでいる（Ibid.）。

友人は、「宗教的仮説」が「不確実であると同時に無益な原理」であると結論して、演説を終える（EHU 11.23; SBN 142）。ヒュームは友人に対して、あなたは「私がとりわけつねに傾倒してきた原理を採用」して議論しているが、「あなたが訴えているまさに同じ経験から、あなたが**エピクロス**の口を通して言われたこの推理を論駁することが可能である」と言う（EHU 11.24; SBN 142-143）。われわれはしばしば結果に見られる以上のものを原因に帰している。もし海辺で一つの足跡を見れば、そこを誰かが通ったのであり、もう一方の足跡もあったにちがいないが、波で消されたのだ、とわれわれは推論する。われわれは同じ推理の方法を自然の秩序に関して認めるべきである。世界を不完全な建物として考察すれば、そこから優れた知性を推論し、遠い将来に完成を見るであろう計画を推論できるのではないか（Ibid.; SBN 143）。

友人の答えはこうである。われわれの推論はその場合、われわれが結果とは独立にもっている経験的知識によっている。われわれは人間がふつう二本の足をもっていると知っている。しかし、と友人は言う、「〈神格〉はその産物によってのみ私たちに知られ、宇宙における単独の存在者であり、それの経験された属性または性質から、私たちが類比によって、その存在者の何らかの属性または性質を推論することができるような何らかの種または類のもとには包括されません」（EHU 11.26; SBN 144）。そこで、友人は次のように結論する。

それゆえ、世界のすべての哲学と、哲学の一種に他ならないすべての宗教は、私たちを経験の通常の行程を越えて運んだり、あるいは、日常生活に対する反省によって与えられるものとは異なる振る舞いと行動の尺度を与えることは決してできないでしょう。いかなる新たな事実も宗教的仮説から推論することはできませんし、実践と観察によってすでに知られていることを越えては、いかなる出来事も予見また予言できませんし、いかなる賞あるいは罰も期待したり恐れたりすることはできません。（EHU 11.27; SBN 146）

ここで「哲学の一種に他ならないすべての宗教」と言われているのは哲学的有神論のことであろう。ケンプ・スミスは、しかし、これをヒュームが「真なる宗教」と呼んでいるものであり、「穏やかな懐疑論」としての哲学であると見る(3)。私は「真なる宗教」が「穏やかな懐疑論」と同じものであるとする点で、ケンプ・スミスに同意するが、この箇所でそれが示唆されているとは思わない。「真なる宗教」と「偽なる宗教」との対比については最後に論じる。

宇宙のユニークさと因果推論

第八節でのヒュームの見解とここでのエピクロス〔友人〕の見解には微妙な相違がある。エピクロスの見解は、ヒュームと同様に懐疑的ではあるが、後者は前者よりも独断的である。それゆえ、ヒュームは、友人の独断的な結論に留保を示しつつ、最後にひとつの問題点を指摘する。それは、「まったく独自で比べるもののない結果である宇宙が、同じだけ独自で比べるもののない原因である〈神格〉の証明である」という想定である（EHU 11.30; SBN 148）。というのは、「一方の対象から他方の対象を推論できるのは、二つの種の対象が恒常的に連接しているのが見出される場合だけ」であり、「すっかり独自で、知られているいかなる種にも含められないような結果が現前した場合、私たちがその原因に関してそもそも何らかの推測または推論をなし得るとは私には理解できない」からである（Ibid.）。しかし、この問題はこれ以上追究されないで、この節は終わっている。ヒュームが最後の議論をどこまで強力なものとこの時点で見ていたかは明らかではない。しかし、それが計画性の論証を徹底的に無効にするとヒュームが考えた様子はない(4)。この議論は『対話』第二部でフィロンによって持ち出されているが、議論はそのまま続行されている。あとで見るように、たとえ宇宙が独自なものであっても、その部分とは、たとえわずかでも、ある程度の類比を持っているというのがヒュームの最終的な見解であると思われる。それゆえ、そのかぎりでは、宇宙の原因に関する推論は可能であろう。もっとも、そのような場合には、恒常的連接は見出されない以上、因果信念が自然な形で形成されることはないであろう。

本節の内容の多くは後の『対話』でもっと具体的に展開されることになるが、『知性研究』という脈絡の中において考えた場合、本節は次の第一二節「アカデメイア派または懐疑派の哲学について」とも密接に連関している。それは、第一〇節の「奇蹟について」がそれ以前の諸節、とりわけ蓋然性の理論と密接な関連をもっているのに対応している。というのは、第一二節で展開されているのは、ピュロン派の過度の懐疑論ではなく、アカデメイア派の適度な懐疑論だからである。ここでもヒュームの立場は、エピクロスの口を借りた友人の立場とは微妙な距離を置いている。それは「われわれの探究を人間知性の狭い能力に最も適合した主題に制限する」立場である。「哲学的な決定は、秩序づけられ訂正された、日常生活についての反省に他ならない」(EHU 12.3.25; SBN 162)。われわれはこの立場が『対話』においても貫かれていることを見出すであろう。

二　人間本性における宗教の起源――『自然史』

宗教の起源と根拠

ヒュームは『自然史』と『対話』をほぼ同じ時期(一七五〇年代)に書いている。それゆえ、この二つを比較することはその理解にとってきわめて重要である。『自然史』は一七五七年に『四論集』に収録されて出版されたが、ヒュームはその冒頭で、宗教についての二つの問いを区別している。ひとつは、「理性における宗教の根拠」であり、もうひとつは、「人間本性における宗教の起源」である。すでに『本性論』の序論でヒュームは次のように述べていた。

明らかに、すべての学は、多かれ少なかれ、人間本性と関係している。いずれの学にせよ、それがどれほど人間本性からかけ離れているように見えるとしても、やはり何らかの道を通ってそこに戻ってくる。数学、自然哲学、自然宗教でさえも、ある程度は、人間の学に依存している。（T Introduction 4; SBN xv）

ヒュームは、「幸いなことに、最初の［根拠についての］問いは最も重要であるが、最も明白な、少なくとも最も明確な解決が可能である」と言い、次のように述べる。

自然の構造全体は、知性を持った作者を示している。そして、合理的な探究者は誰でも、真摯な反省をしたあとでは、本当の〈有神論〉と〈宗教〉の一次的な諸原理に関して一瞬も自らの信念を停止することはできない。（N 134[309]）

第四節の冒頭でも次のように言われている。「人類のほとんど普遍的な同意が見出されるであろう、神学の唯一の主張は、不可視で、知性を持った力が世界に存在するということである」（N 144[320]）。これは、計画性からの論証の妥当性を認めている点で、『知性研究』での主張と両立しないように思われる。もっとも、ここで問題となるのは、「理性における宗教の根拠」ではなくて、「人間本性における宗教の起源」であるから、ヒュームはさっさと本題へと話を移している。

周知のように、ヒュームは多くの信念についてその根拠と起源を論じている。ヒュームは因果信念が理性に基づかないことを示したあとで、それを習慣によるものとして説明した。同様の議論は、外的事物の存在に対する信念や人格の同一性に対する信念についても見られる[5]。宗教的信念についても同様であり、『対話』はその根拠を、『自然史』はその起源を扱っている。(6) さらに言えば、ヒュームの議論は、根拠問題から事実問題へ、そして方法論的レベルへと移行するのが常である。おそらく、宗教的信念の場合も、まずその理性的根拠について論じたあとで、その起源について論じるという順序が本来の順序であったと思われる。しかし、実際問題としては、根拠の問題が後にならざるをえなかった。このことが計画性の論証についてのヒュームの不可解な発言の理由を或る程度は説明する。『自然史』の冒頭の言葉と同様に、ヒュームが計画性の論証の妥当性を認めているかのように思われる箇所は一度や二度ではない。(7) それらはこのような事情を考慮して読まれるべきであろう。

多神教と一神教

『自然史』でヒュームは、多神教から一神教への発展を跡づけた。ヒュームによれば、宗教の起源は多神教である。原始的な人々においては、宗教の観念は自然の機構についての反省からではなく、未知の原因に対する希望と恐怖から生じた（N 139[315]）。これが彼らをして「不可視な力」を、そしてそれを彼ら自身と似たものとして想像させた（N 141[317]）。こうして、それぞれの役割をもつ多くの神々の観念が生じる。しかし、それらは世界の創造者とは考えられていない。多神教徒は迷信的な無神論者の一種である（N 145[320]）。

では、一神教がどうして多神教から生じたのか。一神教の時代でも人々は、多神教を生んだのと同じ種類の原因から一神教を信じている。したがって、一神教の源泉を合理的な論証に求めることはできない。多くの神々があると考える人々は、神々のなかでもとくに崇拝すべき神が一つあると考えるようになる。そして、その神の力はますます誇張され拡大されていく。これが唯一神の起源である（N 154-155[330]）。

一神教がもたらす道徳的な悪

しかし、一神教は、多神教と異なり、道徳的な悪を伴う。なかでも不寛容（intolerance）と迫害（persecution）がある（N 162[337-338]）。自己卑下（abasement）もそうである。神が偉大であると考えられるほど、人間は卑小なものとされる（N 163[339]）。[8] また、一神教は哲学にも悪影響を及ぼす。哲学は不合理なものの考察に奉仕させられ、不合理なものとなる（N 165-166[341-342]）。こうして、人々は確信をもてず、さりとて疑いを表明できずに偽善と自己欺瞞に陥る（N 172[348]）。現実の宗教がもたらしてきた様々な害悪は、『英国史』においてもヒュームが指摘するところであり、『対話』第一二部においてもフィロンによって繰り返されている。

ヒュームの結論は有名である。

> 全体が判じ物、謎、不可解な神秘である。懐疑、不確実、判断の停止がこの主題に関するわれわれの最も厳密な探究の唯一の成果であるように見える。しかし、このように人間の理性はもろく、意見の感化は抗しがたいので、もしわれわれが自らの眺めを拡大し、ひとつの種の迷信を別の種と対立させて、われわれ自身は、彼らの怒りと論争の間、幸運にも、曖昧ではあるが、冷静な哲

学の領域に引きこもりつつ、それらを戦わせるのでなければ、このような熟慮の上の懐疑もめったに維持されえないであろう。(N 185[363])

この結論は、『知性研究』の第七節や第一〇節の結論と同趣旨のものである。すでに見たように、前者では、神学的問題は、「単に自然的で、援助されていない理性」の限界を越えていること、理性は「日常生活の検討という、理性の真の、そして固有の領域に立ち返る」べきであることが言われていた。後者では、「単なる理性は、それ[キリスト教]の真理をわれわれに確信させるには、不十分である」こと、むしろ、宗教は「習慣と経験に最も反する」ことをわれわれに信じさせようとすることが言われていた。宗教は、ケンプ・スミスの言い方を借りれば、「理性と迷信のキャリバン[Caliban 怪物]的異形の子」である。(9)『自然史』は次のことを明らかにしている。

1. 宗教的信念は人間本性に基づき、自然的原因によって説明できる。

2. 宗教の教義は道徳を不自然なものとし、個人的にも社会的にも有害である。

これらの結論は、宗教的信念が理性的に正当化されないことを前提としていることにわれわれは留意すべきであろう。『自然史』でのヒュームの問いは、宗教的信念は理性によって正当化されないにもかかわらず、なぜ多くの人々は宗教的信念を持っているのか、という問いであった。

三　計画性からの論証――『対話』その一

『対話』は十二の部に分かれているが、その少なくとも最初の四つの部か、あるいは第一二部を除くすべてが、一七五〇年代の初めに書かれたと思われる。ヒュームはその後二度にわたって修正を加えている。一度は一七六〇年前後であり、最後はヒュームが亡くなる直前の一七七六年である。[10]『対話』が世に出たのは、ヒュームの死後三年経った一七七九年であった。[11]

『対話』の登場人物

『対話』は三名の間で交わされる。理神論的なクレアンテス、懐疑論的なフィロン、信仰至上主義的な有神論者であるデメアが登場する。対話の報告者パンフィロスはクレアンテスの弟子であり、若い頃に聞いた対話をヘルミッポスに伝えるという形式をとっているが、パンフィロスは、クレアンテス、フィロン、デメアをそれぞれ、「厳密な哲学的気質」、「呑気な懐疑論」、「厳格な正統派」と評している。これらのうちの誰がヒュームの代弁者かをめぐって今も論争がある。プラトンやバークリーの対話編の場合とは異なり、優劣をつけがたい対話者が二人いるからである。それはクレアンテスとフィロンである。しかし、パンフィロスは最後にこう締めくくっている。

> そこで私は告白するが、全体を真摯に検討した結果、フィロンの原理の方がデメアのそれよりも蓋然的であるが、クレアンテスの原理の方が真理にさらに近いと思わざるをえない。（D 130[228]）

しかし、以下で見るように、フィロンの主張の多くはヒュームが主張してきたことであり、クレアンテスの主張はヒュームが他で述べていることと両立しない。

ヒュームがキケロの『神々の本性について』（*De Natura Deorum*）を下敷きにしたことは周知の事

実である。実際、二つの対話編は、その主題は言うまでもなく、形式においても共通点がある。その主題は、神々の存在ではなく、神々の本性であり、神々が世界を統治しているのかどうかという問題である。キケロは、神々の本性に関する諸派の説を提示するために、エピクロス派のウェッレイウス、ストア派のバルブス、アカデメイア派の懐疑論者コッタの三名を対話者として登場させている。

ヒュームの『対話』と比較すると、コッタがフィロンに、バルブスがクレアンテスに対応する。ケンプ・スミスは、コッタの師がキケロの師でもあった新アカデメイア派のラリッサのフィロンであり、バルブスの師の一人がストア派の第二代学頭のクレアンテスであったから、ヒュームはそこから二人の名前をとったのであろうと推測している。因みに、パンフィロスという名もキケロに出てくるが、彼はギリシアの弁論家で、エピクロスを教えたことになっている。ただし、デメアという名の哲学者はいない。(12) キケロ自身が報告者である点が『対話』とは異なるが、キケロは終始傍観者にとどまっている。しかし、コッタのストア派論駁が終わったあと、キケロ自身が最後にこう結んでいる。

ウェッレイウスはコッタの議論が真理に近いと思ったが、私にはバルブスのそれが真理の似姿にもっと近いと感じられた。(13)

ここでも、キケロの立場がストア派のバルブスと同じであるとは言い難い。むしろ、キケロの立場は、この対話編の導入部で言われているように、アカデメイア派の懐疑論だからである。しかし、キケロは「まったく公平な、自由な判断に従う聴衆として」出席していることを最初に表明している。(14) 神々の本性という「きわめて困難で…きわめて曖昧模糊とした問い」(15) については、諸説を提示し、話し手が意見を押しつけるのではなく、聞き手が自ら考えるようにすることがむしろふさわしいのである。「議論において求められるべきは権威よりも理論の重みである」とキケロは言う(16)。むしろ、キケロの最後の言葉は、著者がコッタの議論に肩入れをしているという印象を薄めるために、全体のバランスをとったのではないだろうか。

ヒュームの場合も、『対話』の導入部で、パンフィロスに同趣旨のことを述べさせている。神の存在ほど明白で、確実で、重要な真理はないが、神の本性、属性についての問いほど曖昧で不確実なものはない。そのような主題には対話形式ほどふさわしいものはない。対話では、異なる意見の間のバランスをとることが求められる(17)。ギルバート・エリオット宛の手紙で、ヒュームはこう述べている。

> 私はしばしば考えているのですが、対話を構成する最上の方法は、何らかの重要な問題について異なる意見を持つ二人の人物が、代わる代わる議論の異なる部分を書き、お互いに答えることでしょう。これによって、反対者にナンセンスなことばかりを言わせるという通俗的な誤りが避けられるでしょうし、それと同時に、多様な性格と気質が支持されているので、全体をもっと自然で気取らない形に見せることになるでしょう(18)。

報告者のパンフィロスが最後にクレアンテスの肩を持っているのは、全体のバランスをとるためであり、言い換えればフィロンの議論の方に説得力があったことを著者であるヒューム自身が認めていることの現われである（もっとも、パンフィロスはクレアンテスの弟子という設定であるから、キケロの場合よりも自然な終わり方ではある。コッタはキケロの盟友だからである。ただし、キケロの場合、対話の行われた時点での判断であるが、ヒュームの『対話』では、過去を振り返って、現在形で判断が為されている)。実際、ヒュームにとってはフィロンの見解の方が自然に受け入れやすかった。上記の手紙の続きでヒュームはこう述べている。

もし私が幸いにもあなたの近くに住んでいたとしたら、私は対話においてフィロンの役を自分に課したでしょうし、私ならばそれを十分自然に支持できたであろうことをあなたもお認めになるでしょう…(19)。

それゆえ、ヒュームはクレアンテスの議論を強化するために意を用いた。同じ手紙をヒュームはこう切り出していた。

私がお示しした見本からお分かりと思いますが、私はクレアンテスを対話の主人公といたしました。議論のそちらの側を強化するために思いつかれますことは何でも私にとって大歓迎です。私がもう一方の側に持っているとあなたが想像されるどんな傾向も、意に反して私のなかに入り込んだものです(20)。

さらに、ヒュームはこう述べている。

私が望みますには、クレアンテスに対して選んだ例は、十分に好都合なものですし、私が懐疑論者の混乱として表わしているものは自然なものと思われます(21)。

誰がヒュームの代弁者か。

ケンプ・スミスは、フィロンが一貫してヒュームの代弁者であると見た[22]。たしかに、登場人物のなかに必ず単独の「犯人」がいるミステリー小説であれば、そのような「犯人」探しも意味があるかもしれない。しかし、ヒュームが様々な技巧を凝らした『対話』において、ヒュームの代弁者がフィロンであるかクレアンテスであるかと問うことは実り豊かな問いではない。われわれは、ヒュームがどのような状況で誰に何を言わせたのかを見ることによって、ヒュームの真意を見定めるべきであろう[23]。『対話』の第一部では、クレアンテスとフィロンが最初の火花を散らす。クレアンテスがピュロン派の懐疑論を攻撃すると、フィロンは穏やかな懐疑論をピュロン派の過度な懐疑論から区別する。前者は、常識を規則的かつ方法的に反省した哲学である（D 36[134]）。

アポステリオリな論証

本格的な議論の始まりは第二部であり、そこでクレアンテスは彼が「アポステリオリな論証」と呼ぶものを提示する。世界は一つの巨大な機械であり、それはさらに無数の小さい機械からできている。それらおよびそれらの部分は互いに精密に調節されている。

全自然を通じての手段と目的との巧妙な適合は、人間の工夫――人間の計画・思想・知恵及び知性――による産物を、はるかに凌いではいるが、それと厳密に類似している。それ故、諸結果が互いに類似しているので、われわれは、類比のすべての規則によって、原因もまた類似していると推論し、自然の〈作者〉は、彼が成就した仕事の壮大さに比例して、人間の心よりもはるかに大きな能力をもってはいるが、それといくぶんか似ていると推論するようになる。このようなアポステリオリな議論によって、そしてこのような議論のみによって、われわれは〈神格〉の存在とそれが人間の心や知性に類似していることを直ちに証明するのである。（D 45[143]）

フィロンはこれに対し主として四つの反論をしている。

（1）類比に基づく議論は類似の強さに応じて強くも弱くもなるが、今の場合は弱い。（D 46[144]）

（2）しかも、比較されているのは部分と部分ではなく、部分と宇宙全体である。部分が全体について正しい結論を与えることはできない。（D 47[149]）

（3）たとえそうした比較が可能だとしても、なぜ知性を選び出してそれを宇宙の原因とするのか明らかでない。（D 50[148]）

（4）経験からの論証は、二種類の対象の恒常的接合の観察による。しかし、現在の場合、対象は宇宙であり、これは独自なものである。したがって、経験からの論証は成立しない。（D 51[149–150]）

すでに見たように、（4）はすでに『知性研究』第一一節で指摘されていた反論である。ヒュームはこの反論に対する再反論を無理矢理にでもクレアンテスに言わせる必要があったと思われる。それが第三部の冒頭でのクレアンテスの反論である。

クレアンテスはまず、大きくて美しい声が雲のなかから聞こえ、すべての国民にありがたい教訓を与えると仮定せよ、と言う。その場合は、それが至高存在から発したものだと君も推論せざるをえないだろう（D 54[152]）。次に、人類に共通の普遍言語があり、書物が動植物のように自然に繁殖すると仮定せよ。その場合も、その書物の原因が知性と類比をもっていることを君は否定できないだろう、と（D 55[153]）。そして、最後にクレアンテスは次のように言う。

> 眼を考察し、解剖してみなさい。その構造と工夫を眺めてごらん。そうして、君自身の感じから、考案者の観念が感覚の力と同様の力でもって、直ちに君の心に流れ込んでこないかどうか私に言ってください。（D 56[154]）

これは理性に訴える論証というよりも、事例と感情に訴える議論である。フィロンはこれに反論しない。ヒュームはここで巧みにパンフィロスに語らせる。

> ヘルミッポスよ、私はここで見てとれたのだが、フィロンは少々当惑し、まごついていた。しかし、彼が返事をしようと躊躇っているときに、彼にとっては幸運なことに、デメアが話に割り込んできて、彼の落ち着きを取り戻させたのだ。（D 57[155]）

フィロンが沈黙した理由は明らかである。それは理性と経験に訴える論証ではないからである。しかし、フィロンの「当惑」はそれだけであろうか。クレアンテス自身、これを「不規則な議論」と呼んでいる。おそらく、それは形式的な論証になっていないという意味であろう。宇宙に計画性を見出す心の傾向は「普遍的」で「抗いがたい」影響を持つとクレアンテスは言う（Ibid.）。ガスキンはそれを「計画性の感じ」（feeling of design）と呼んだ[24]。フィロンの沈黙は、計画性の感じが、ひいては、創造神の存在に対する信念がケンプ・スミスの言う「自然的信念」（natural belief）であることを承認するものであろうか。

自然的信念の条件

ガスキンも指摘しているように、自然的信念であるための条件は以下の四つであると思われる。[25]

1. 日常的ないし常識的な信念であること。
2. 推理ないし理性の行使によって得られたのではないこと。
3. 日常生活において不可避で不可欠であること。
4. 普遍的であること。

周知のように、ヒュームは、外的事物の存在や自然の一様性に対する信念が（さらには、自己の同一性に対する信念も）、理性によって正当化されないにもかかわらず、日常生活において不可欠で不可避な信念であり、われわれが当然のことと見なすべき信念である、と考えた。[26] それらはピュロン的な過度の懐疑論に抗する本能的な信念である。すでに見た『自然史』の冒頭の言葉やクレアンテスの言葉は、[27]計画性の感じが上記の条件のうちの少なくとも2と4を満たしていることを示しているように思われる。

計画性の感じが美的な感じと同等のものであれば、それは日常的ないし常識的な信念であると言えるかもしれない。しかし、たとえば自然の秩序に対する驚嘆の念は、それだけでは、計画性の感じではないであろう。もっとも、何らかの信念が日常的ないし常識的な信念であるかどうかは時代や地域と相対的であり、明確な規準があるわけではない。条件2について言えば、もし計画性の感じが秩序の感じと異なるものであるとすれば、そこに秩序から計画性への推論が働いていないかどうか、微妙な問題があるように思われる。しかし、それが条件3を満たしているとは言えない。宗教的な信念は（一部の人々を除けば）日常生活において不可避でも不可欠でもないと思われる。さらに、ヒュームは『自然史』で、それが普遍的でもないことを明言している。

不可視で、知性を持った力への信念は、すべての場所やすべての時代の人類にひじょうに一般的に普及しているが、しかし、おそらくはいかなる例外も認めないほど普遍的ではなかったし、また、それが示唆している考えにおいて、いかなる程度においても、一様ではなかった。（N 134［309］）

ヒュームが「計画性の感じ」を自然的信念と見なしていなかったことはエリオット宛の書簡からも明らかであるように思われる。ヒュームは前記のクレアンテスの議論に関して次のように助けを求めた。

私はクレアンテスの議論がきわめて形式的で規則的になるように分析できればよいと望みたいものです。それに向かう心の傾向は、その傾向がわれわれの感覚と経験を信じる傾向と同じだけ強くて普遍的であるというのでないならば、私は恐れますが、やはり疑わしい基礎と見なされるでしょう。私があなたの助けを欲するのはこの点です。われわれは、この傾向が、雲にわれわれ自身の姿を見つけたり、月にわれわれの顔を、無生物においてもわれわれの感情や情感を見つけたりする傾向と多少異なっていることを証明しようと努めなければなりません。そのような傾向は制御されうるし、されるべきですし、同意の合法的な根拠では決してありえないのです。(28)

ヒュームは「計画性の感じ」が自然的信念と「同じだけ強くて普遍的である」ような根拠を（本気かポーズか）エリオットに求めている。言い換えれば、計画性の感じは、それ自体は、自然的信念ではないことをヒュームが認めていると言えるであろう。ヒュームは、クレアンテスの議論を強化するために、この不規則な議論を説得力のあるものにしようとしたが、それには成功しなかった。もちろん、自然的信念でないことはそれが不合理な信念であることを意味しない。しかし、計画性の感じは信念にさえなっていないように思われる。ともあれ、ここでのフィロンの「当惑」は、対話の構成において、第五部と第一〇部でのフィロンの「譲歩」に、さらには、第一二部でのフィロンの「心変わり」につながっていく。

さて、デメアによれば、クレアンテスは神の属性をわれわれ人間が理解できると僭越にも考えている。しかし、神の属性は完全だが、理解不可能だ、と（D 58[156]）。第四部でクレアンテスがこれに答えて、神の精神と人間の精神の類比を認めない人々は無神論者である、と言う。われわれの精神と少しも似ない精神とは精神ですらない、と（D 61[159]）。ここでフィロンが攻撃を再開する。理性に従えば、精神界も物質界も同じ程度にその原因を要求するし、経験によっても同様である。ところが、クレアンテスは物質界の原因として精神界に達するが、そこで止まるのはなぜか。そこで止まるのなら、初めから物質界で止まらないのはなぜか（D 63[161]）。クレアンテスは、しかし、原因の原因などどうでもよい、神を見出したところで自分は止まる、と答える（D 65[163]）。

第五部でフィロンは、クレアンテスの議論から生じる不都合な帰結を挙げる。

（1）結果から原因への議論において、原因は結果に比例したものでなければならない。ところが、今の場合、結果は無限なものではないから、原因もまた無限でなくなる。(D 68[166])

（2）この世界には欠陥があるのだから、その作者に完全性を帰すこともできない。また、たとえこの世界が完全な結果だとしても、それはわれわれの技術のように長い試行錯誤の結果かもしれない。(D 69[167])

（3）神が唯一だと想定すべき理由はない。むしろ、多くのものが共同してこの宇宙を作ったとするほうがわれわれとの類比に合致している。(D 69-70[167-168])

（4）もし人間との類比を言うならば、なぜ神は可死的で身体をもつと想定してはいけないのか。(D 70[168])

ここでフィロンはクレアンテスに譲歩するかのような発言をする。

要するに、クレアンテスよ、君の仮説に従う人は、おそらく、宇宙があるときに計画性のようなものから生じたと断定するか、あるいは推測することができるかもしれない。(D 71[168-169])

クレアンテスはこれをすかさず「譲歩」と見て、次のように言う。

…君が最大限に想像力をほしいままにしても、君は宇宙における計画性という仮説を追い払うことは決してなく、むしろ、あらゆる場面で、それに訴えざるを得ないのだ。この譲歩を僕はしっかりとつかんで離さない。そして、僕はこれを宗教の十分な基礎と見なすのだ。(D 71[169])

しかし、ここでのフィロンの「譲歩」は、クレアンテスが言うほど、明確ではない。そして、もしフィロンが宇宙における計画性の存在を何らかの形で認めるとしても、それが「宗教の十分な基礎」であるかどうかは別問題である。しかし、フィロンはもっと明らさまな譲歩を第一〇部と第一二部で示すことになる。

四　真なる宗教と偽なる宗教――『対話』その二

ヒューム的進化論の仮説

第六部と第七部では、アポステリオリには別の仮説が可能であることがフィロンによって示される。フィロンによれば、宇宙全体を動物に比すことができるし、世界の原因を生物的な発生と成長であるとする仮説も想定できる。フィロンは、理性、本能、動物的生（generation）、植物的生（vegetation）の四つの原理を挙げて、これらのうちのどのひとつの原理も世界の起源について判断するための理論を与えるだろう、と言う（D 80[178]）。さらに、われわれの限られた、そして不完全な経験から判断するに、動物的生は理性にまさる特権を持っている。というのは、後者は前者から生じるのが観察されるが、前者が後者から生じるのは見られたことがないからである（D 81[179-180]）。デメアはそのような仮説が突飛でデータに欠けると批判するが、クレアンテスの仮説も同じであるとフィロンは答える。フィロンはさらに第八部でエピクロス風の仮説を提示する。

物質が、盲目で指導されない力によって、なんらかの位置に投げこまれたと想定しよう…。この最初の位置が十中八九、想像しうる限り最も混乱し最も無秩序なものであって、人間の工夫した作品と少しも類似していないことは明白である…。このようにして宇宙は、多くの時代の間、混沌と無秩序の連続的な継起にある。しかし、次のようなことは可能ではないだろうか。すなわち、宇宙が、その運動と活力は失わないように…、しかし、諸部分の不断の運動と動揺の最中にあっても見かけの一様性を維持するような形で、ついに落ち着く、ということである。これこそが、われわれの見るところ、現在の宇宙の事態なのである。…それゆえ、動物ないし植物における諸部分の有用性やそれら諸部分が不思議にも互いに適合しあっていることを強調しても無駄である。動物の諸部分があのように適合しあっていなかったとしたら、動物はどうして存続できるのか、私は知りたいものである。（D 86-87[184-185]）

クレアンテスは、人間や動物は単なる存続に必要である以上の利点をもっている、と反論する。フィロンは自分の仮説が完全ではないと認めるが、こうしたことはどの体系にも付き物であると言う。ダーウィンの進化論が計画性からの論証に打撃を与える一世紀前のことである。

宇宙創造とビッグバン

もっとも、現代の宇宙論の告げるところでは、宇宙は百五十億年前のビッグバンより、膨張を続けており、熱力学の第二法則（エントロピー増大の法則）からして、宇宙はカオスからコスモスへと進んでいるのではなく、秩序から無秩序へと進んでいると考えられる。遡及的には、宇宙の初期状態での法則の常数や境界条件の変数について、その値は一定の限界内になければならないことが推測される。

スウィンバーン等の現代の有神論たちは、宇宙の初期状態が今日のような（生命体をもった）宇宙を生み出すためには、神による「微調整」が必要であったと論じている。[29] しかし、現代の宇宙論が有神論者にとって好都合なことを告げているかどうかは議論の余地がある。ビッグバン自体がそれを説明する外的原因を必要とするような出来事かどうかは明らかではない。[30] いわゆる特異点（singularity）は、それ以上遡ることのできない限界であって、宇宙創造の時点と言えるような特定の瞬間ではないかもしれない。[31]

アプリオリな論証

ともあれ、アポステリオリな議論によるかぎり、宗教的仮説だけが唯一の選択肢でないことが示される。そこで、第九部でデメアは「アプリオリな論証」を持ち出す。それは一種の宇宙論的証明である。すべてのものには原因がある。したがって、結果から原因へとさかのぼる無限の系列があるか、あるいは究極的な原因があるかである。前者の無限の系列は、一括して見た場合、いかなる原因ももたないが、系列全体が一つの原因を必要とする。かくして、必然的に存在する究極的な原因があり、それが神である、と（D 90-91［188-189］）。これはいわゆる「宇宙論的証明」であるが、おそらくはサミュエル・クラークの論証から引き出されたものであろう。[32] これに反論するのはフィロンではなく、クレアンテスである。彼によれば、事実を論証することはできない。何ものも、その反対が矛盾を含むのでなければ、論証可能ではない。判明に思い抱かれうるものは矛盾を含まない。われわれが存在すると思い抱くものは存在しないと思い抱くこともできる。それゆえ、非存在が矛盾を含むような存在者はなく、その存在を論証できるような存在者はない、と。もちろん、この議論はヒュームの十八《おは》番《こ》である。

悪の問題

第一〇部ではデメアが人間の惨めさと愚かさについて話を切り出す。この自覚こそが宗教につながるとする点ではフィロンも一致する。ここでフィロンは悪の存在を持ち出して批判の矢をクレアンテスに向ける。悪の存在は神の属性と一致しない。これに対してクレアンテスは、神の仁愛を支持する唯一の方法は、人間の惨めさと邪悪さを否定することだと言う。そして、健康は病気より、快は苦より、幸福は不幸よりも一般的であり、そうでないということは事実と経験に反する、と（D 102[200]）。フィロンは、たとえ悪がわずかであり、その存在が神の無限の善性と両立するとしても、現にある有限な事実だけから神の無限の善性を確立することはできない、と言う（D 103[201]）。悪の問題は次の第一一部でも引き続き論じられるが、この部の終わりでフィロンは再びクレアンテスに奇妙な譲歩をする。

> クレアンテス君、僕は今、自分の議論に安心しているよ。今僕は勝ったのだ。以前、われわれが知性と計画の自然な属性に関して議論したとき、僕は君に捉えられないように僕の懐疑的で形而上学的な緻密さをすべて必要としたのだ。宇宙とその諸部分の多くの眺めにおいて、とりわけ後

者の眺めにおいて、目的原因の美と適合性が抵抗できない力でわれわれを打つので、すべての反論は単なる屁理屈と詭弁にしか見えないし（実際に、そうであると僕は思う）、どのようにしてそれらに重きを置くことが可能であるのか、われわれは想像できないのだ。しかし、人間生活の、あるいは人類の状態の眺めで、それから、最大の暴力なしに、道徳的属性を推論できるようなもの、無限の力能と無限の知恵と結びついた無限の慈愛を学ぶことのできるようなものはない。それはわれわれが信仰の眼のみによって発見しなければならない。今度は、君が骨折れるオールを引いて、君の哲学的緻密さを明らかな知性と経験の指図に反対して支持する番だよ。（D 103–104 [201–202]）

すでに見たように、宇宙における「目的原因の美と適合性が抵抗できない力でわれわれを打つ」ことをフィロンは認める。それは理屈ではない。それゆえ、「すべての反論は単なる屁理屈と詭弁にしか見えないし（実際に、そうであると僕は思う）」と言われる。しかし、人間世界の眺めからは、慈愛のごとき神の「道徳的性質を推論できるようなもの」は何もない。フィロンにとって重要なのは後者である。計画性の感じは有神論的な信念の基礎たりえない。だから、フィロンは「勝った」というのである。神の慈愛は「われわれが信仰の眼のみによって発見しなければならない」とフィロンは言うが、これは、この問題が理性と経験を超えているというヒュームの周知の言い方に他ならない。

　第一一部に入りクレアンテスは、無限という属性を神に帰属させることをやめることでフィロンの反論をかわそうとするが、フィロンは、必然的で不可避とは見えないさまざまな悪を生む四つの状況を挙げ、それらを説明する四つの仮説を立てる。それは以下の四つである。第一に、苦痛であり、それは生物の行動や自己保存にとって重要であるが、不可欠とは思われない（D 107–108[205–206]）。第二に、自然法則である（D 108–109[206–207]）。第三に、自然が無駄なことをしないこと（たとえば動物の限定された能力）であり（D 109–111[207–209]）、第四は、自然界の過剰と不足である（D 111–112[209–210]）。これらの協働によって災害が生み出される。これらは必然的でも不可欠でもない。そこで、四つの仮説が可能である。第一は、宇宙の原因は完全に善であるとし、第二は、完全に悪であり、第三は、その混合であり、第四は、いずれでもないとする仮説である。現に見られる混合的な結果は前二者を証明できないし、自然法則は第三に反し、第四が最も蓋然的である、とフィロンは結論する（D 114[212]）。そして、宇宙の原因は善でも悪でもないと考えることが最も蓋然的である、とフィロンは主張する。これ以降、『対話』はほとんどフィロンの独り舞台となる。デメアはたまらずフィロンを制止しようとするが、クレアンテスは次のように言う。

いいかい、デメア、君の友人フィロンはね、初めから、われわれ二人を出しにして楽しんでいるのだ。そして、認めなければならないが、われわれの大衆的な神学の無分別な推理は彼にあまりにも格好の嘲笑の口実を与えてしまったのだ。（D 115[213]）

デメアはこれを不快に思い、退場することになる。

フィロンの「心変わり」

『対話』の最終部第一二部は、最も長い部分であり、大部分はフィロンが話し手である。デメアが去ってフィロンとクレアンテスだけになると、フィロンは次のように言う。

僕の勝手気ままな会話と変わった議論好きにも関わらず、心に印銘された宗教感覚を僕ほど深く持っている者はいないし、自然の解明できない工夫と考案において、理性に現われる限りでの神的存在に対する尊崇を僕ほど深く持っている者はいない。目的、意図、計画は、最も不注意で最も愚かな思考者の心をも至る所で打つし、始終それを拒否できるほどに、かたくなに不合理な体系をもつことは何人にもできない。(D 116[214])

これはしばしばフィロンの「心変わり」であると言われてきた。たしかに、このフィロンの発言は、これまでで最もあからさまな「譲歩」であるように見えるし、それどころか、フィロンの「信仰告白」と言ってもよいくらいである。しかし、この発言は、すでに見たように、これまでの譲歩によって周到に準備されていたし、決して唐突とは言えない。しかも、デメアの退場によって、フィロンがクレアンテスだけに真意を打ち明けたかのような場面設定が巧みになされている。フィロンは「自然の解明できない工夫と考案」と言い、「理性に現われる限りでの」と注意深く付け加えている。

このあとでフィロンは、「古代の医学者」ガレノスの解剖に言及して、至高な知性に疑いをもつ哲学者を非難する(D 117[215])。すっかり気を許したクレアンテスは、宇宙と機械の間の例の類比を繰り返し、これに対抗するには「判断の停止」しかないと言う(D 118[216])。ところが、フィロンは判断の停止を退けて、「僕は、ふつう思われている以上に、この論争に多少とも言葉上の論争が入り込んでいるのではないかと思いたくなるのだ」と言い出す（D 118-119[216]）。自然現象が人間の技術と大きな類比をもつことは明白であるが、同時にそこには著しい相違もあり、宇宙の原因を精神ないし知性と呼ぶかどうかは言葉の問題である（D 119[217]）。それどころか、有神論者と無神論者の相違は程度の問題である、とフィロンは言う。

それでは、どこに君たちの論争の主題があるのか、と僕はこれらの敵対者たちに向かって叫びます。有神論者は、原初の知性は人間の理性とはひじょうに異なることを認めます。無神論者は、秩序の原初的原理がそれと、あるわずかな類比を持っていることを認めます。諸君、君たちは、程度について論争しようと言うのでしょうか。そして、何ら正確な意味も許容しないし、ひいては、いかなる決定も許容しない論争に加わろうというのでしょうか。（D 120[218]）

もちろん、魂の不死性などの存在論に関するかぎり、有神論者と無神論者の相違は程度の問題ではない。しかし、理性と経験によるかぎり、彼らの間の論争は空しい。それがフィロンの判定であり、ヒュームの結論でもある。

真なる宗教と偽なる宗教

ここでフィロンは、自分は真の宗教を尊敬する分だけ、俗衆の迷信を嫌悪する、と言う。これに対してクレアンテスは、無宗教よりは堕落した宗教のほうがましだと答える。クレアンテスによれば、「宗教の本来の務めは、人々の心情を規制し、彼らの振る舞いを人間的なものとして、節制、秩序および服従の精神を吹き込むことである」(D 122[220])。ヒュームは、『イングランド史』の第二巻を出すときに、前書きを付した。それはそのままでは印刷されなかったが、そのなかでヒュームは、「宗教の本来の務め」について、前記のクレアンテスとほぼ同じことを述べている[33]。フィロンは、しかし、迷信の有害な結果を挙げる。「真なる宗教はそのような有害な結果をもたない」とフィロンは言う。しかし、「われわれは、世間に一般的に見出されてきた通りの宗教を扱わなければならない」と(D 125[223])。いったいヒュームは、「真なる宗教」によって何を意味していたのであろうか。

別の所でヒュームは「真なる宗教」と「偽なる宗教」を対比させている。たとえば、「迷信と狂信について」というエッセイにおいては、(カトリックの)迷信と(プロテスタントの)狂信を「偽なる宗教の二つの種」と呼んでいる。

最良のものの堕落が最悪のものを生み出すことは格率になっており、なかでも、真なる宗教の堕落である、迷信と狂信の破滅的な結果によって、一般的に証明されている[34]。

迷信や狂信を排除した宗教が「真なる宗教」であるとすれば、そのような宗教は現実には存在しない。もしかすると、昔も今も迷信は宗教にとってなくてはならないものなのかもしれない。いずれにせよ、ヒュームは「真なる宗教」がかつて存在したとも、現在あるとも考えてはいなかったであろう。しかし、「宗教」という言葉は多義的であり、宗教的な教義や信念だけを意味するわけではない。「自然宗教」という言葉はすでにおなじみであるが、これとても厳密には宗教ではなく、宗教についての哲学である。おそらくヒュームは「真なる宗教」で、宗教についての真なる哲学を意味していたと思われる。すでに見たように、ヒュームは『本性論』第一巻第四部第三節の「古代哲学について」において、「真なる哲学」と「偽なる哲学」を区別していた。そこでヒュームは、想像力がいかにして実体や偶有性という虚構を生むかを論じているが、三段階の意見について語っている（T 1.4.3.9; SBN 222–224）。第一は「大衆の意見」、第二は「偽なる哲学の意見」、そして第三は「真なる哲学」の意見である。ヒュームによれば、真なる哲学の意見は大衆の意見にむしろ近い。大衆は恒常的接合を必然的結合と混同する。哲学者はそのような混同から免れているが、必然的結合を捨てきれず、あらぬところにそれを探し求める。それが「隠れた性質」という言葉の捏造につながる。こうして偽なる哲学は錯覚によって安心立命に到達する。同じ境地に大衆は愚かさによって到達し、真なる哲学者は穏やかな懐疑論によって達する、とヒュームは言う（T 1.4.3.10; SBN 224）。

これをそのまま現在の主題に当てはめることはできない。しかし、大衆は「不可視な力」を信仰し、宗教的な哲学者はそれにあらぬ属性を帰属させることによって、偽なる宗教に到達する。しかし、真なる哲学は穏やかな懐疑論によって真なる宗教に至る。フィロンは『対話』でそれを重層的な条件文として表明する。

もし、ある人々が主張しているように思われるように、自然神学の全体がひとつの単純な、多少とも多義的だが、少なくとも未定義の命題、つまり宇宙における秩序の原因または諸原因は、おそらく人間の知性と、ある遠い類比を持っているという命題に尽きるとすれば、もしこの命題が拡張も修正も、あるいはもっと細かい説明もできないものであるとすれば、もしそれが人間生活に影響を与えるか、あるいは何らかの行為または不作為の源泉となりうるような推論を与えないとすれば、そして、もしその類比が、不完全であるので、人間の知性以上には及ぼされえず、見かけ上蓋然的に、心の性質にまでは移行され得ないとすれば、もし実際にこの通りであるとすれば、最も探求心があり、思索好きで、宗教的な精神の持ち主は、この命題が現われるたびに、それに率直な哲学的同意を与え、それが確立される際に依るところの議論がそれに反対する議論にまさっていると信じる以上の何ができるでしょうか。(D 129[227])

ここで条件文の前件となっている命題は、最後の五番目を除くと、以下の四つである。

（1）自然神学の全体は、ひとつの単純な、多少とも多義的だが、少なくとも未定義の命題、つまり宇宙における秩序の原因または諸原因はおそらく人間の知性と、ある遠い類比を持っているという命題に尽きる。

（2）この命題は拡張も修正も、あるいはもっと細かい説明もできない。

（3）それは人間生活に影響を与えるか、あるいは何らかの行為または不作為の源泉となりうるような推論を与えない。

（4）その類比は、不完全であるので、人間の知性以上には及ぼされえず、見かけ上蓋然的に、心の性質にまでは移行され得ない。

「宇宙における秩序の原因または諸原因」は、それが何であるにせよ、超自然的なものではないと思われる。おそらくヒュームにとって、宇宙の超自然的な原因とは思案の外であろう。超自然的なものは既知のものと「遠い類比」すら持たないであろうし、それと人間の道徳との関係はいっそう希薄であろう。

「宇宙における秩序の原因または諸原因はおそらく人間の知性と或る遠い類比を帯びている」という主張をブラックバーンは「素《す》の主張」(Bare Claim)と呼んだ。つまり、それはそれが述べていることだけを主張しており、尾鰭《おひれ》も含蓄もない、ということである。そして、それは「不活性な命題」(inert proposition)のひとつであると言う[35]。不活性な命題とは、われわれが同意しても同意しなくても、何の違いもない命題である。自然の作用の究極的な原理についての命題も同様にヒュームにとって不活性な命題であった。もちろん、それらはあらゆる場面において不活性なわけではない。それらは一定の認識論的な命題と矛盾するし、一定の存在論的な命題への推論や一定の規範的命題の導出を阻む[36]。実際、右の「素の主張」がクレアンテスの有神論と矛盾することは明らかである。しかし、「素の主張」がポジティヴに不活性であることを示すことがヒュームの関心事であった。別の言い方をすれば、それほど無内容な主張を拒否することは、それを受け入れること以上に、多くの論拠を必要とするであろう[37]。

おわりに――稀薄な理神論?

ガスキンはヒュームの立場を「希薄な理神論」(attenuated deism)と呼んだ[38]。たしかに、『対話』

でのフィロンの立場を希薄な理神論と呼ぶのは正鵠《せいこく》を得ているかもしれない。フィロンは懐疑的理神論者とでも、理神論的懐疑論者とでも呼べるであろう。しかし、たとえ「希薄な」あるいは「懐疑的」という形容詞を付けても、ヒュームを理神論者と呼ぶことは、彼を無神論者と呼ぶことと同じだけ誤解を招くものであろう。ブラックバーンが言うように、ポジティヴに不活性な命題から認識的意義を引き出そうとする試みは滑稽であると考える者を表わす言葉をわれわれはもたない。それがヒュームの立場である。(39)

『対話』の最後でフィロンは、パンフィロスに贈る言葉として、「哲学的懐疑論者であることは、文人にあっては、信仰をもつ健全なキリスト教徒であるための最も不可欠な一歩である」と言って、話を締め括っている。これはパラドクシカルな発言である。いや、少なくとも通常のカテゴリーにはおさまらない立場の表明である。この言葉を聞いたパンフィロスが「クレアンテスの原理の方が真理にさらに近い」と最後に判定したのはいっそう自然なことであった。

注

（1）『道徳原理研究』（*An Enquiry Concerning the Principles of Morals*）第三節の終わりでヒュームはこれを「**ニュートン**の主要な規則」と呼んでいる。
（2）この格率は『本性論』第二巻第一部第三節（T 2.1.3.6-7; SBN 282）および第三巻第三部第一節（T 3.3.1.10; SBN 578）でも、『対話』第五部（D 71[166]）でも登場している。
（3）Kemp Smith ed., op. cit., Introduction, pp.19-20.

（4）ペネラムの意見は異なる（cf. Penelhum, *Themes in Hume*, p.234）。
（5）詳しくは拙論「知覚、劇場、共和国――『人間本性論』Ⅰ，iv，6」ならびに「ヒュームの懐疑論――『人間本性論』Ⅰ，iv，2を中心に」を参照。
（6）このことはヤンデルも強調している（Keith E. Yandell, *Hume's 'Inexplicable Mystery': His Views on Religion*, Temple U. P., 1990）。
（7）たとえば、『本性論』の「付論」の次の箇所を参照。「宇宙の秩序は全能の精神を証明している。すなわち、あらゆる生き物や存在の服従を伴うような意志を持った精神である。宗教のすべての箇条に基礎を与えるためにこれ以上のことは何も必要ではない…」（T 1.3.14.12n; SBN 633）。『対話』第五部の終わりでのクレアンテスの発言。「僕はこれ［宇宙における計画性の存在］を宗教の十分な基礎と見なすのだ」（D 71［169］）と比較。
（8）古代の宗教では、宗教と日常生活、宗教と哲学の間には境界設定が為されていたとヒュームは考える（『道徳原理研究』に付せられた「対話」（A Dialogue）を参照）。
（9）Kemp Smith ed., op. cit., Introduction, p.18.
（10）Kemp Smith, ibid., Preface, v.
（11）これが死後出版になった経緯については、Mossner, op. cit., pp.592ff. を参照。
（12）ヒュームの名付け方については、Gaskin ed., op. cit., Introduction, xx-xxi も参照。
（13）*De Natura Deorum*, III, xl, Loeb Classical Library, Harvard U. P., 2000, p.382.
（14）Ibid., I, vii, p.20.
（15）Ibid., I, i, p.2.
（16）Ibid., I, v, p.12.
（17）「対話」形式についてシャフツベリーの影響を指摘したものとしては次のものを参照。Michel

(18) Malherbe, "Hume and the art of dialogue," in M. A. Stewart and John P. Wright eds., *Hume and Hume's Connexions*, Edinburgh U. P., 1994, pp.201-223.
(19) Ibid.
(20) Ibid., 153-154.
(21) Ibid., 155.
(22) Kemp Smith ed., op. cit., Introduction, p.59.
(23) 一七七六年八月一五日付のアダム・スミス宛書簡を参照。「それら［『対話』］を改訂して（私はそれをこの十五年間したことがありません）見出したのですが、これ以上注意深く、そして技巧的に書かれたものはありえません。あなたは確かにそれらを忘れてしまっています」（*The Letters of David Hume*, op. cit., vol.2, p.334）。
(24) Gaskin, op. cit., p.127.
(25) Ibid., pp.117ff.
(26) 自己の同一性に対する信念が自然的信念であるかどうかは議論の余地があるかもしれない。すでに論じたように、ヒュームが『本性論』の付論で「迷路」に陥ったと告白した理由は、この信念が自然的信念であるという当初の考えにヒュームが困難を見出したことを示唆している（拙論「知覚、劇場、共和国――『人間本性論』I，iv，6」を参照）。
(27) 宗教的信念がヒュームにとって自然的信念であったとする解釈は、R・J・バトラー（Ronald J. Butler, "Natural Belief and the Enigma of Hume," *Archiv für Geschichte der Philosophie*, 42, 1960, 73-100）によって主張され、N・パイク（Nelson Pike, ed., *Dialogues Concerning Natural Religion*, Bobbs-Merrill, 1970）もそれに近い解釈に傾いていた。ペネラムも当初はそれを支持して

いたが（Penelhum, *Hume*, Macmillan, 1975, pp.189ff.）、後にそれを撤回した（Penelhum, *Themes in Hume*, p.239）。この議論については、David O'Connor, *Hume on Religion*, Routledge, 2001, pp.86–93も参照せよ。

（28）*The Letters of David Hume*, op. cit., vol.1, p.157.

（29）たとえば、Richard Swinburne, *The Existence of God*, Revised Edition, 1991, Appendix B, p.308を参照。

（30）宇宙論と神の創造をめぐる論争としては、William Lane Craig & Quentin Smith, *Theism, Atheism and Big Bang Cosmology*, Oxford: Clarendon Press, 1993を参照。

（31）グリュンバウムによれば、ビッグバンでは、過去の時間の無際限の区間があり、これはメトリカルには有限年数でしかない。それゆえ、時間の最初の瞬間はない。この区間内では、すべての時点tにはそれに先立つ時t′があり、tでの状態はt′での状態によって説明される。この区間全体に外的原因がなければならないと考えるべき理由はない（Adolf Grünbaum, "A New Critique of Theological Interpretation of Physical Cosmology", *British Journal for the Philosophy of Science*, 51, 2000, pp.1-43）。グリュンバウムに対するスウィンバーンおよびW・L・クレイグの反論（Swinburne,"Reply to Grünbaum", ibid., pp.481-485; Craig,"Prof. Grünbaum on the 'Normalcy of Nothingness' in the Leibnizian and *Kalam* Cosmological Arguments", ibid., 52, 2001, pp.371-386）も参照せよ。

（32）Samuel Clarke, *A Dissertation of the Being and Attribute of God*, 1998, Cambridge U. P., esp. Section III.

（33）この前書きは、モスナーの伝記に再録されている（Mossner, op. cit., pp.306-307）。

（34）Eugene F. Miller ed., *Essays: Moral, Political and Literary*, Second edition, Indianapolis: Liberty Classics, 1987, p.73.

（35） Simon Blackburn, "Playing Hume's Hand," in *Religion and Hume's Legacy*, eds. D. Z. Phillips and Timothy Tessin, Macmillan, 1999, p.4.

（36） 私はこれを、『本性論』第一巻に見られる、知覚の原因についてのヒュームの不可知論的な言い方と類比的に考えている。知覚の原因が何であれ、それはわれわれの日常や実践にはいかなる影響も及ぼさない。同様に、宇宙という存在には当然ながら原因が存在する。しかし、それが何であれ、われわれの生活とは関係がない。このことはヒュームが知覚の因果説を採用していたことと矛盾しない。

（37） O'Connor, op. cit., p.207.

（38） Gaskin, op. cit., p.223.

（39） Blackburn, op. cit., p.6.

《読書案内》

▼まずは、馴染みのない哲学用語について、事典を引くくらいの苦労はしてもらわねばならない。ここでは、とくにイギリス哲学に関わりの深い事典を挙げておく。

日本イギリス哲学会編『イギリス哲学・思想事典』、研究社、二〇〇七年。

▼ヒュームの時代背景を知るために近世哲学史の邦語文献から挙げておこう。

①宗像恵・中岡成文編『西洋哲学史［近代編］』、ミネルヴァ書房、一九九五年。

西洋の近世哲学史の全体像を知るために便利。

②大久保正健・寺中平治編『イギリス哲学の基本問題』、研究社出版、二〇〇五年。

中世から現代までのイギリス哲学の大まかな見取り図を得るために最適。

③松永澄夫編『哲学の歴史：第6巻』、中央公論新社、二〇〇七年。

ヒュームを始め、一八世紀のイギリス、フランスを中心とする本格的な哲学史研究。

④L・スティーヴン、中野好之訳『十八世紀イギリス思想史』全三巻、筑摩書房、一九六九―七〇年。

専門的である。少し内容的に古くなったが、理神論者について興味深い情報を含む。あまり読みやすくはない。

▼次に、デイヴィッド・ヒュームについての研究書を挙げておく。

①神野慧一郎『ヒューム研究』、ミネルヴァ書房、一九八四年。
ヒュームの認識論についての本格的な研究書。

②同右『モラル・サイエンスの形成』、名古屋大学出版会、一九九六年。
①の続編で、情念論、道徳論を扱っている。

③杖下隆英『ヒューム』、勁草書房、一九八二年。
ヒューム哲学全般についての解説書。限られた枚数であまりにも多くの主題を取り上げているのが欠点だが、やむを得ない。

④坂本達哉『ヒュームの文明社会』、創文社、一九九五年。同じ著者による『ヒューム　希望の懐疑主義』（慶應義塾大学出版会、二〇一一年）もある。

⑤泉谷周三郎『ヒューム』、研究社出版、一九九六年。
③と同じく、ヒュームについてのコンパクトな解説書。

⑥矢嶋直規『ヒュームの一般的観点』、勁草書房、二〇一二年。
「一般的観点」を中心にヒュームの知識論と道徳論の関係を扱っている。

⑦林誓雄『襤褸を纏った徳―ヒューム社交と時間の倫理学』、京都大学学術出版会、二〇一五年。
ヒュームの倫理学説を「徳の倫理学」の観点から追究している。

▼ヒューム研究に有益な文献

①中才敏郎編『ヒューム読本』、法政大学出版局、二〇〇五年。ヒュームについての論文集。巻頭にヒュームの生涯、巻末に文献解題などを含む。新装版（改訂版）が二〇一一年に刊行されている。

②『思想　デイヴィッド・ヒューム生誕三〇〇年』No.1052、二〇一一年十二月号、岩波書店。

▼最後に、ヒュームの著作の日本語訳を紹介しておく。

①『人性論』大槻春彦訳、岩波文庫、四分冊、一九四八―五二年。『本性論』の唯一の全訳だが、長い間品切れであった。しかし、一九九五年に復刊されている。巻末に訳者の解説がある。

②『人間本性論　第一巻　知性について』木曽好能訳、法政大学出版局、一九九五年。ほぼ六〇〇ページの半分が詳しい解説に費やされている。

③『人間本性論　第二巻　情念について』石川徹・中釜浩一・伊勢俊彦訳、法政大学出版局、二〇一一年。

④『人間本性論　第三巻　道徳について』石川徹・中釜浩一・伊勢俊彦訳、法政大学出版局、二〇一二年。

⑤『人間知性研究』渡部峻明訳、晳書房、一九九〇年

『情緒小論』の邦訳を含む。

⑥『人間知性研究』斉藤繁雄・一ノ瀬正樹訳、法政大学出版局、二〇〇四年。最新訳だが、使用したテキストはビーチャム版ではない。

⑦『道徳原理の研究』渡部峻明訳、晢書房、一九九三年。

⑧大槻春彦編『ロック・ヒューム』、中公世界の名著、一九六八年。土岐邦夫訳『人性論』の抄訳、および小西嘉四郎訳『原始契約について』を含む。

⑨『市民の国について』小松茂夫訳、岩波文庫、二分冊、一九八三年。ヒュームの政治論集。

⑩『ヒューム政治経済論集』田中敏弘訳、御茶の水書房、一九八三年。

⑪『ヒューム政治論集』田中秀夫訳、京都大学学術出版会、二〇一〇年。

⑫『宗教の自然史』福鎌忠恕・斎藤繁雄訳、法政大学出版局、一九七二年。

⑬『自然宗教に関する対話』同上、一九八〇年。

⑭『奇跡論・迷信論・自殺論』同上、一九八五年。

あとがき

二〇一二年三月に大阪市立大学を退職してまもなく、「人文選書」の一冊として執筆を依頼された。個人的なことだが、退職後の課題として、デイヴィッド・ヒュームについてと、因果論についての二つの書物の執筆を計画していたので、前者についての書物の執筆をお引き受けした。

実は、私の専門領域と言えるものは二つあり、一つは、現代英米の科学哲学、とりわけ、心とは何かを探求する心の哲学と呼ばれるものである。この領域に関しては、すでに『心と知識』（勁草書房、一九九五年）と題して、ずいぶんと以前に研究成果を上梓していた。しかし、もう一つの研究領域であるヒューム哲学については、いくつかの論文を公にしてきはしたが、いまだに書物の形で公刊したことはなかった。そのような意味でも良い機会と思い、先の依頼を快諾したのであるが、当初は、これまでヒュームについて書いてきた論文をまとめればよかろうと楽観的に構えていたのだが、いざ一つの書物にするとなると、これが至難の業であることに気づいた。おまけに、退職後の解放感にひたっているうちに、すっかり怠惰になってしまい、リハビリにかなりの時間を要したこともあって、完成が予想外に遅くなってしまった。

第一部の「哲学三都物語――ヒュームとパリ、ロンドン、エディンバラ――」は、二〇〇四年一二月一五日に、大阪市立大学において、当時のCOE（Cチーム）研究会において発表された原稿に加筆・修正を加えたものである。ヒュームの宗教哲学を理解するに際して、ヒュームの育った時代背景や環境について、とりわけ、当時の都市やその住人について語る必要があると思われた。余談であるが、哲学を研究し始めた頃には、哲学者の人と生涯などはどうでもよいと思っていた。哲学にとって重要なことは、哲学者の主張が正しいかどうかであって、その主張がどのような経緯で為されたかはどうでもよいことだと思われた。確かに、今でもその考えはまったくの間違いだとは思っていない。理解と評価は別物であって、事の真偽は、その過去とは独立である。しかし、事の真偽を確かめるには、最低限その理解が必要であろう。その意味では、理解と評価は別物ではない。ヒュームの宗教哲学の評価においては、とくにそのような理解という作業が必要であると思われた。

第二部の「ヒュームの読み方――ヒュームの因果論と懐疑論――」の元となっているのは、一つには、中公「哲学の歴史6」に寄稿した「ヒューム」（中央公論社、二〇〇七年、二〇九―二八二頁）の一部であり、もう一つは、同じタイトルをもつ講演「ヒュームの読み方」（日本イギリス哲学会　会長講演、『イギリス哲学研究』第三六号、二〇一三年、一七―二八頁）である。これらは一般読者ないし聴衆を意識して書かれたものである。

第三部の「奇蹟と蓋然性――ヒュームの宗教哲学（一）――」は、ヒュームの奇蹟論について論じた二つの論文が元となっている。一つは、「ヒュームにおける奇蹟と蓋然性」（『人文研究』第五三巻・第一分冊、二〇〇一年、一五一―三〇頁）であり、もう一つは、「蓋然性と合理性――ヒュームの奇蹟論をめぐって」（『思想　デイヴィッド・ヒューム生誕三〇〇年』No.1052、二〇一一年一二月、岩波書店、二八一―二九七頁）である。

最後に、第四部の「真なる宗教と偽なる宗教――ヒュームの宗教哲学（二）――」は、拙編著『ヒューム読本』（法政大学出版局、初版二〇〇五年／新装版（改訂版）二〇一一年）に掲載した「ヒュームにおける宗教と哲学――神、世界、因果」（同上、一三六―一七六頁）が元になっている。

ヒューム研究という意味では、本書はまだその端緒でしかなく、多くの課題が残されている。とはいえ、筆者のこれまでのヒューム研究を支えていただいた大阪市立大学文学部と文学研究科に心より感謝したい。一九六九年に大阪市立大学文学部に入学して以来、神野慧一郎大阪市立大学名誉教授をはじめ、諸先生方から受けた学恩は計り知れない。また、一九八二年に文学部助手として着任にして以来、同僚を含む多くの先生方のお世話になった。ここに、深く感謝を申し上げたい。さらに、本書の執筆に当たり、「人文選書」に関わってこられた文学研究科の先生方、とりわけ多忙のなか拙稿を丁寧に読んでいただき有益なコメントをいただいた高梨友宏教授、ならびに出版社である和泉書院編集部の廣橋研三氏をはじめとする関係各位に対し、厚く御礼を申し上げる。

二〇一六年二月二日

奈良市・学園前の寓居にて　非有無庵

◇著者紹介
中才敏郎（なかさい としろう）
1948年　生まれ。
大阪市立大学大学院文学研究科後期博士課程単位取得退学。
博士（文学）。
現在　大阪市立大学名誉教授。
専攻　哲学
主著　『心と知識』勁草書房，1995年。
　　　『論理学の基礎』（共著）昭和堂，1994年。
　　　『ヒューム読本』（編著）法政大学出版会，2005年。

人文学のフロンティア
大阪市立大学
人文選書　6

ヒュームの人と思想
――宗教と哲学の間で――

2016年3月31日　初版第1刷発行

著　者　中才敏郎
発行者　廣橋研三
発行所　和泉書院
大阪市天王寺区上之宮町7－6（〒543-0037）
電話　06-6771-1467／振替　00970-8-15043
印刷・製本　遊文舎
ISBN978-4-7576-0791-0　C0310